黑皮玉으로 살펴보는

韓民族의 玉文化

국립중앙도서관 출판예정도서목록(CIP)

흑피옥으로 살펴보는 한민족의 옥문화 / 지은이: 정건재.
-- 대전 : 상생출판, 2015   p. ;   cm

ISBN 979-11-86122-03-7 03900 : ₩30000

옥(보석)[玉]
민속 문화[民俗文化]
한국 민속[韓國民俗]

388.0911-KDC6
398.09519-DDC23   CIP2015008098

흑피옥으로 살펴보는 **한민족의 옥문화**

발행일	2015년(단기 4348) 4월 1일 초판 1쇄
	2016년(단기 4349) 2월 1일 2쇄
지은이	정건재
발행처	상생출판
주소	대전시 중구 중앙로 79번길 68-6
전화	070-8644-3156
팩스	0303-0799-1735
홈페이지	www.sangsaengbooks.co.kr
출판등록	2005년 3월 11일(175호)
ISBN	979-11-86122-03-7

黑皮玉으로 살펴보는

韓民族의 玉文化

정건재

상생출판

서론

21세기에 들어와 한국과 중국 양국을 중심으로 국제사회의 주목을 받기 시작한 흑피옥문화는 홍산문화의 대표적 유물인 C자용(옥룡), 옥결, 태양신, 옥조玉鳥, 구운형 옥패 등 옥기와 외관상 완전히 동일한 형태뿐 아니라 대부분 수암옥이라는 옥 재료 면에서도 공통점을 갖고 있는 관계로 흑피옥문화와 홍산문화를 동일하게 보거나 혹은 범홍산문화로 합쳐서 보는 경우도 있다.그리고 대표적 옥기인 옥룡, 옥결 등 일련의 옥 조각 형태가 조형상 공통된 제작형식을 갖추고 있는 일정한 사회적 질서를 갖추고 있었고, 당시 사회가 옥을 중심으로 한 신분상의 구별과 정치적 권력의 발생을 의미하고 있다는 사실이다.

그러나 무엇보다도 중요한 사실은 흑피옥문화 옥 조각이 검은 피부색을 갖고 있기 때문이지 않을까. 이와 같은 흑피옥문화의 검은색 표피에 관해서는 흑피옥 재질 검사, 흑피옥표피 성분검사(서울대기초과학공동기기원, 중국국가지질측시중심, 상해박물관 등), 흑피옥 표피 공개 박피 실험 등, 한중 양국의 국가 공식기관이나 대학 연구소에서 이미 다양한 과학적 실험 결과를 통해, 흑피옥 유물이 근대에 만들어진 위작일 가능성이 낮다는 것으로 밝혀졌다. 이런 상황 가운데, 필자는 흑피옥문화에 대한 학문적 연구대상으로 확신할만한 구체적인 근거가 필요하게 되었고, 2007년과 2009년 두 차례에 걸쳐 동일한 흑피옥 반인반수半人半獸 조각에서 시료를 채취, 연대측정 실험을 실시했다. 제1차 서울대 기초과학 공동기기원 연대측정 결과 14300±60년 전, 제2차 미국 지오크론 연구소GEOCHRON LABORATORIES 5150±40년 전이라는 각각의 실험 결과를 통보 받았다. 두 차례에 걸친 연대측정 결과는 세계 최초로 한국과 미국을 대표하는 연구기관에서 공식적으로 실시한 흑피옥 조각에 대한 방사성 동위원소 연대측정에 의한 과학적 실험결과로서 흑피옥문화 옥 조각이 최소 3000년 전 이상 된 고대 유물이라는 연대적 공간을 확보할 수 있는 학문적 근거가 되었다. 특히 후자의 경우, 세계적 최고 권위를 자랑하는 미국 지오크론 연구소 실험 결과 3150년 전이라는 연대는, 아무리 흑피옥문화가 존재했던 실제 연대와의 차이를 전제하더라도, 당시 고조선과 은(商)이 공존했던 동시대에 해당하기 때문에,사실상 한민족 최초국가 고조선 연구에 한 획을 긋는 역사적 발견을 한 셈이었다.

신석기 시대의 흑피옥문화와 홍산문화 주체들은 정신문화 범주에 속하는 옥을 무덤에 부장하는 장례 풍속으로 물질문화를 관장하고,정신문화를 중시하는 사유관념을 갖고 있었던 것이다. 따라서 옥문화 사회에 있어서 반인반수신들의 출현과 그 형상은 원시인류가 지니고 있던 의식세계 사회의 보편적 변천과정을 충분히 반영하고 있으며, 신성불가침의 초기 신화의 토템 형상은 단순한 자연상태의 원형으로부터 반인반수半人半獸의 모습으로 변화하였고, 단계적으로 인간신人間神의 형태로 변천해 나갔다. 이는 바로 신화가 가지고 있는 생명력의 상징이며 동시에 인류의 종교적 의식체계의 초보적 표현인 것이다. 이것은 신석기 시대 후기에 있어서 반인반수 신의 탄생에 대한 인식의 근원이기도 하다.

중국의 소병기蘇秉琦 교수는 저서 [중국문명기원신탐]에서, "8000년 전의 사해查海, 흥륭와興隆窪－조보구趙宝溝 유형으로부터 약 2000여년 전 연하도燕下都까지 모두 약 5000년 동안에 걸쳐, 연산燕山 남북지구, "능원凌源－건평建平－객좌喀左" 소 삼각 지역의 발견은, 우리들을 주시하게 만들었고, 그것은 중국 오천년 문명의 부단한 연속적 오묘함과 궤적, 중국의 통일된 다민족 국가가 어떻게 형성되었는가에 대한 중국 역사상 양대 과제에 양향을 미쳤다."고 할 정도로 요하 지역일대에서 전개되었던 홍산문화 내지는 범홍산문화는 적어도 5000년 동안 해당 지역에서 역사적 실체로서 존재했다는 사실이다. 그의 주장 가운데 '중국 다민족 국가中國統一多民族國家'에 대한 표현이 의미하는 것은 무엇일까? 그의 주장을 그대로 받아들이더라도, 현재는 당연히 통일된 중국 사회 가운데 일부 소수민족이지만, 과거에는 중국 민족이 아닐 수 있다는 것이다. 선사시대부터 현대까지 중국 대륙이 현재와 같이 통일된 국가적 체제를 갖추고 있지 않았기 때문이다. 바로 우리가 주목해야 할 사실이라는 것이다. 이밖에도, 한중일 대부분의 역사학자나 고고학자들은 홍산문화의 문명사회적 단계가 바로 고대 '국가의 원형이나 고대 국가의 추형雛形이다'고 인정하고 있다는 것이야말로, 동북아시아 지역에서 최초로 고대 국가가 등장하는 역사적 대전환기에 해당되기 때문이라는 것이다.

또 중국 곽대순郭大順교수(홍산문화 전문가)는, "용봉문화의 기원이 홍산문화이고, 또한 홍산문화의 정수는 바로 옥기라고 주장하고 있으며, 이것 역시 요하문명이 중화문명의 기원 중 한 곳이라는 유력한 증거이다."라고 홍산문화에서 차지하는 옥기의 비중을 강조하고 있으며, 특히 유옥위장唯玉为葬. 유옥위례唯玉为禮가 바로 중국문명의 근원이라고 주장하고 있다([人民日報]2001.7.9). 또 그는 홍산문화를 대표하는 옥 조각인 옥룡玉龍에 대해서도, "그 형상이 돼지를 닮지 않고, 곰을 닮은 관계로 직접 "웅룡熊龍"이라고 칭할 수 있다. 옥웅룡은 홍산문화 옥기 중에 가장 대표성을 갖춘 옥기이고, 아울러 제작에 사용된 기법도 난이도가 가장 높은 것으로, 홍산문화인들은 곰숭배족인 것을 설명해주고 있

다.”고 중국정부의 공식적인 견해를 밝히고 있다.(중국 국무원)

한국 이형구 교수는 홍산문화를 비롯한 옥기 사회의 출현에 대해, “옥기의 출현·제작은 엄청난 의미가 있어요. 옥기를 독점하고 제작하는 과정에서 신분계급이 생기고, 전문화 분업화가 이뤄지고, 하늘과 소통하는 독점자가 고국古國을 통치하는 이른바 제정일치 사회의 개막을 뜻 합니다. 그걸 동이족이 창조해 낸 겁니다. 더욱이, 내몽고 지역과 요하지역의 홍산문화 영역에서는 옥기 유물이 적석총, 빗살무늬 토기, 비파형 청동검, 다뉴세문경 등, 동이족 계통의 다른 유물들과 함께 대량으로 발견되었으며, 특히 1980년대에 발굴된 우하량牛河梁 유적지에서는 제단, 여신묘女神廟, 적석총군 등과 함께 홍산문화의 대표적 옥기인 옥결(옥저룡), 옥벽玉璧, 옥환玉環, 옥패玉珮 옥 거북玉龜, 비파형 옥검 등 각종 옥기들이 발굴되었다.”([경향신문]2007.12.14)

이와 같이 신석기 시대 흑피옥문화와 홍산문화의 옥기는 옥 문화사회의 천신숭배, 자연숭배, 조상숭배, 생식숭배 등 각종 의식세계가 빚어낸 창조적 상징물로서 시대적 자화상이라는 것이다.

옥 토템 사회

흑피옥문화는 홍산문화와 더불어 주로 요하 지역 일대에서 발굴되고 있는데, 옥 제작 기술은 물론, 삼차원 공간예술의 극치를 보여주는 옥 조각들은 약 5000년전 이미 세계최고 수준의 신석기 시대 옥문화가 역사적 실체로서 현 중국 대륙 동북지역 일대에 존재했던 사실을 증명하고 있다는 것이다.

‘옥으로 신을 섬긴다’는 옛말이 바로 그것이며, 그 주인공은 바로 무당이라는 말이다. 결국 무당(巫人)과 하늘(神)과 옥玉은 삼위일체인 셈이다. 따라서 옥기는 관념 형태의 창작물이었다는 점이고, 이들의 생명은 하늘이 부여하는 것이며, 신령한 동물과 산수, 토지 등은 서로 영물처럼 교환된다고 보았다. 당시 씨족이나 부족사회는 제사에 쓰이는 신기神器와 그들이 숭배하는 동물토템, 자연숭배, 조상숭배 등 각종 대상을 다양하고 풍부한 형태의 기상천외한 3차원 공간예술인 옥 조각을 창조했던 것이다. 홍산문화 주체들은 정신문화 범주에 속하는 옥을 무덤에 매장하는 장례 풍속으로 물질문화를 관장하고, 정신문화를 중시하는 사유관념을 갖고 있었던 '옥 토템' 사회였던 것이다(참조 : 졸고〈신석기시대 옥문화와 고대 동아시아 문자 기원〉). 그들은 조상신, 자연형태의 동물 등을 비롯한 모든 자연현상에 대한 숭배의식을 옥을 통해 표현했던 '옥 토템 사회'로서, 옥을 정점으로 한 일정한 수준의 사회적 질서를 갖춘 초기 고대국가 단계의 문명사회였다고 볼 수 있다는 것이다.

중국문물학회 옥기위원회 회장 양백달楊伯達은 옥 신물神物 즉 신기神器로서의 등장에 대해, "고대 옥기는 물론 석기의 일부분이다. 그것은 처음에는 공구로 사용했었다. 그 미관과 신비한 특성을 알 수 있는 방법이 없었기 때문에 제신祭神, 신사神事, 통신通神, 하늘과 통할 수 있는 신물로 여겼다. 옥을 신물神物로 삼았던 것은 적어도 8000년 전이었다."고 주장하고 있다.

특히 흑피옥문화와 홍산문화 가운데 반신반수 형상 가운데 대표적 유물인 우수인신牛首人身 태양신은 옥 조각 형상은 고구려 고분벽화에도 등장하고 있을 정도로 유명하다. 이런 태양신 흑피옥 조각에 대해, 중국 하덕무夏德武 교수는 [중국신비적흑피옥조中國神祕的黑皮玉雕]에서, "범홍산문화 흑피옥 조각의 조형 예술 중, 가장 눈에 띠는 표현 내용은 속칭 "태양신" 흑피옥 조각이다. 이 종류의 흑피옥 조각 표현은 일종의 초자연 현상의 "소 머리牛首와 인신人身"의 결합체이다. 이런 종류의 흑피옥 조각은 객관상 홍산흑피옥 조각의 30% 정도를 차지하고 있다. 실제상, 인수人獸 조합의 조형은 상고 민족사회의 토템 조상의 형상을 나타내고 있다.

> 예: 곰과 사람이 결합한 곰씨熊氏 조각, 물고기와 사람魚人이 결합한 헌원씨軒轅氏 조각, 사람 머리와 용 몸이 결합한 복희씨伏羲氏 조각, 돼지 머리 사람 몸의 시위씨豕韦氏 조각, 새 머리 사람 몸의 관두씨讙头氏 조각

이와 같은 복합체 조형은 흑피옥 조각 가운데 모든 곳에서 나타나고 있고, 그리고 소 머리 인신牛首人身 조각상은 바로 신농씨神農氏 조각상이다. [산해경 남해북경] 중에 사람 형태와 닮은 대봉국, 복희는 사람 머리 뱀 몸人首蛇身, 염제는 소 머리 인신牛首人身 등등이 기재되어 있다."고 주장하고 있다.

따라서 초기 신화의 토템 형상은 반인반수半人牛獸의 모습으로 변화하였고 심지어는 인간신人間神의 형태로 변모하게 되었다. 이는 바로 신화가 가지고 있는 생명력의 상징이며 동시에 인류사고 발전의 표현인 것이다. 신석기 시대의 인류는 새가 머리 위의 하늘과 아래 땅 사이를 통할 수 있는 사자로서, 사람이 죽은 뒤 새가 영혼을 하늘의 천신한테 안내할 수 있다고 믿었다. 그들은 자신들의 혈연집단이나 사회집단의 존망과 번영에 직접적으로 관련이 있는 지상의 동물 가운데 새, 멧돼지, 소, 곰, 호랑이, 양 등을 선택해서 자기의 수호신인 지신地神으로 삼고, 지신이나 지모로 선택된 동물은 전체 종족집단의 공통적 숭배의 동물로서, 반드시 위엄과 용맹한 형상을 갖추어야 했고, 점차 신격화 되어 조상신과 일체가 되어 더욱 신성화 되어 갔던 것이다. 이와 같은 천지간

신의 탄생은 사람들의 정신과 물질영역에서 장기간에 걸쳐 고민과 두려움을 없애 주었을 뿐만 아니라, 인류가 자신과 주변 자연환경에 대한 초보적 인식과 해석을 반영한 원시적인 신앙적 체계의 등장을 가능하게 했다. 지상의 실질적 지배자로서 신권을 장악한 무당(巫人)은 제사를 집행하는 과정을 주관하고 천지신명의 신통한 능력을 상징하는 신기神器를 일반 광물이 아닌 옥으로 만들게 되었기 때문에, 당시 사회적 구조를 파악하기 위해서는 옥 문화 내지는 '옥 토템' 사회라는 분석적 관점이 매우 효과적이라는 것이다.

흑피옥문화와 홍산문화 사회를 가장 효과적으로 설명하기 위한 한 가지 방법으로서 '옥 토템' 사회라는 입장에서 아래와 같이 영역별로 크게 구분해 보았다.

자연 숭배

자연숭배를 바탕으로 한 태양 모양의 옥벽, 구름 모양의 구운형 옥패, 무지개 모양의 옥황 등을 들 수 있고,

동물 토템

뱀 토템의 옥룡(C자용), 곰 토템의 옥웅룡과 곰관 옥조 신인神人, 소 토템의 우수인신牛首人身, 새 토템의 옥조玉鳥, 옥조형결玉鳥形玦 인면조신人面鳥身(人面鳥), 물고기 토템의 인면어신人面魚身 등이 있다. 동물 숭배를 근거로 한 원형 동물 형상과 반인반수半人半獸 형상 옥기는 일정한 특정 부족 사회의 집단적 상징물로 추측된다. 특히, 이런 유형의 옥기들은 흑피옥문화와 홍산문화 옥기들 가운데 두 문화를 대표하는 표준형 옥기일 뿐 아니라 가장 많은 대부분을 차지하고 있다.

조상 숭배

옥으로 만들어진 인물상 조형은 신이 인간에게 준 생식 숭배, 생식기 숭배, 성 숭배, 조상 숭배로 서로 밀접하게 관련 되어 있어서, 생식의 변성 즉 종족의 생존 문제는 씨족의 지속적인 존재를 결정짓는 가장 중요한 핵심적 과제였던 것이다. 따라서, 이와 같은 옥 인물 형상의 등장은 신이 인간에게 준 생식의 능력과 기타 신력을 천신에게 표현하기 위해서, 성 숭배 의식의 변천 과정이 가장 직접적으로 반영된 발전적 결론으로서 흑피옥문화와 홍산문화 사회에서 가장 최고의 상징적 가치를 지닌 옥으로 만들어냈던 것으로 보여진다.

복기대 교수는 〈小河沿문화에 관하여〉와 〈홍산문화와 하가점하층문화의 연관성에 관한 시론〉에서, "홍산문화(기원전 30세기전후) → 소하연문화(기원전24세기전후) → 하가점하층문화로 이어지고 있으며, 홍산문화에서는 옥으로 모든 것을 만들어낼 수 있을 정도로 다양한 옥기를 만든다". "옥기 가운데 통형기, 팔찌, 귀고리, 기하형 옥기, 새 등은 두 문화의 옥기가 매우 유사하다는 것을 보여준다. 이러한 사실을 통해 하가점하층문화의 옥기는 홍산문화의 옥기를 그대로 이어받았다는 것을 알 수 있다."고 주장하고 있다([단군학연구]제21호,2007.[문화사학]제27호). 특히, 그의 홍산문화와 소하연문화 하가점하층문화의 역사적 연속성은 물론, 홍산문화 옥기 유물 가운데 구운형 옥패, 옥고, 새(玉鳥) 등에 관한 주장은 신석기 시대 옥문화 주체를 규명하는데 상당히 중요한 학술적 근거가 될 것으로 보인다.

그리고 한국의 정재서 교수는 고구려 벽화의 신화적 제재가 [산해경]에서 유래한다고 밝혀낸 [앙띠오이디푸스의 신화학]에서, "그 가장 원초적인 형태는 [산해경]에서의 괴조怪鳥이자 신조이기도 한 인면조人面

鳥의 형상으로 표현된다. 덕흥리德興里고분에 그려진 천추千秋 만세萬歲 삼실총三室塚 무용총舞踊塚 벽화의 이름 미상의 인면조들이 그것이다. 이들의 형상은 모두 [산해경]에서 유래한다"고 설명하고 있다. 그러나 우리를 더욱 놀라게 하는 것은, 흑피옥문화와 홍산문화의 옥기 유물들과 고조선 건국과정의 곰 토템은 물론, 고구려 고분벽화에 등장하는 해의 신, 달의 신과 뱀 토템 옥룡, 천추, 만세, 길리 부귀 등 인면조와 새 토템 옥조와 인두조신人頭鳥身像(반인반수), 염제상과 소 토템 우수인신牛首人身像(반인반수)들과 같이 고구려 벽화와 옥기 유물 사이의 역사문화적 친연성을 전면적으로 부정할 수 없다는 것이다. 다시 말해서 위 두 문화의 문화주체가 바로 고구려의 조상 즉 한 민족의 조상일 가능성이 매우 높다는 것이다. 특히, 이들 가운데 두 문화의 새 토템 관련 옥기(옥조, 옥조형결, 인두조신)는 고구려 고분벽화와 [산해경]에서 토템의식과 부족 집단의 사회적 변천 과정을 단계적으로 가장 충실하게 반영하고 있다는 사실이다.

따라서 흑피옥문화(홍산문화 포함)에서 등장하는 이중조각이나 복합조각 형상은 서로 다른 동물토템 집단 간의 이합집산(연합, 전쟁, 결혼, 화친, 자연재해) 등에 따른 구체적 표현인 동시에, '옥 토템' 사회의 천신숭배, 자연숭배, 조상숭배, 생식숭배 등 각종 의식세계가 빚어낸 신석기 시대 사회를 대표하는 창조적 상징물이라는 것이다.

특히 흑피옥문화는 홍산문화와 더불어 주로 요하 지역 일대에서 발굴되고 있는데, 삼차원 공간예술의 극치를 보여주는 옥 조각들은 약 5000년 전 이미 세계최고 수준의 신석기 시대 옥문화가 역사적 실체로서 현 중국 대륙 동북지역 일대에 존재했던 사실을 증명하고 있다는 것이다.

최근 중국의 진일민교수는, [흑피옥기풍운록]에서 머리에 옥수형결을 얹고 있는 새를 조각한 흑피옥과 [시경] 상송商頌에 등장하는 '하늘이 현조에 명하여, 내려가 상을 세웠다(天命玄鳥, 降而生商)'라고 하는 상(은) 건국 신화와 흑피옥 조각을 연계시켜 설명하고 있을 뿐 아니라, 요하와 하북 사이에서 일어난 고구려 민족 신화와 매우 닮았다고 설명하고 있다.([흑피옥풍운록] 148, 159쪽, 상해대학출판사, 2011.5)

한편 고구려 벽화의 신화적 제재를 [산해경]에서 밝혀낸 한국의 정재서 교수(이화여대)는, "그 가장 원초적인 형태는 [산해경]에서의 괴조怪鳥이자 신조이기도 한 인면조人面鳥의 형상으로 표현된다. 덕흥리德興里 고분에 그려진 천추千秋 만세萬歲 삼실총三室塚 무용총舞踊塚 벽화의 이름 미상의 인면조들이 그것이다. 이들의 형상은 모두 [산해경]에서 유래한다."고 설명하고 있을 정도이다.([앙띠오이디푸스의 신화학] 279쪽, 창비, 2011)

본 연구는 현 중국 대륙 요하 유역이라는 일정한 지역에서 적어도 5000년 이상, 독자적 문화 영역을 구축하고 역사적 실체로서 존재했던 홍산문화와 흑피옥문화의 문화 주체와 한민족과의 역사적 친연 관계를 새롭게 밝혀내는 데에 연구 목적이 있다.

이와 같은 연구 목적을 달성하기 위해, 당시 사회가 '옥 토템' 사회였다는 가정 아래, 반인반수상(흑피옥문화(홍산문화 포함), [산해경], 고구려 고분벽화 등), 옥결(홍륭와 문화, 강원도 고성 문암리,일본열도)과 곡옥(한반도, 일본열도 출토, 모자母子 곡옥, 금모金帽 곡옥 등), 고조선 규圭(한국[삼국사기][조선왕조실록], 중국[삼국지][위략][후한서], 일본[일본서기] 등)와 부여 옥의玉衣(=옥갑玉匣) 등 한중일 동북아시아 지역사회 국가에서 전개되었던 일련의 옥문화를 주요 연구대상으로 한 최초로 시도되는 본격적인 연구이다.

▶ 수 수 수 신
獸首獸身(동물 머리 동물 몸) : 뱀 토템. 48cm

▶ 인 수 사 신
人首蛇身(사람 머리 뱀 몸)　: 고구려 고분 벽화 해신, 달신 관련.
(참조 제2장 제1절, 제2절)

▶ <ruby>半人半獸<rt>반 인 반 수</rt></ruby>(수인獸人) : 소 토템, 태양신 농경문화. 35cm

▶ 고구려 고분벽화 : 오회분 4호묘, 5호묘, 삼실총.
(참조 제2장 제1절, 제2절)

반만년 흑피옥문화 미소 여신. 36cm

성교신인性交神人

성숭배 사회

목차

제3장 곡옥曲玉

제1장

동아시아 옥문화

1 홍산문화

[1] 홍산문화

: 흑피옥문화 – 고조선 – 부여 – 고구려 중심지

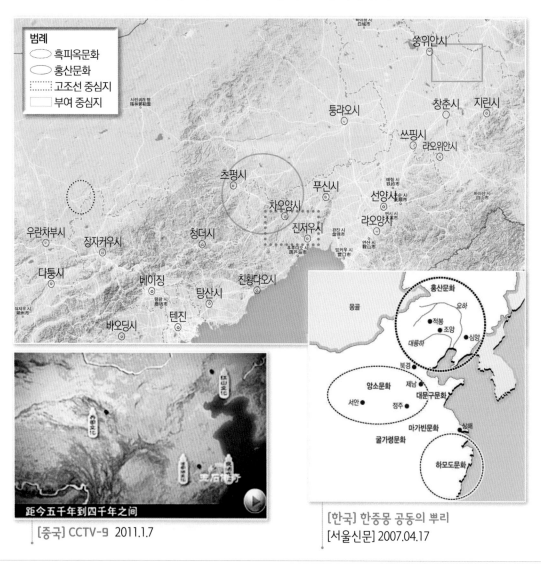

[중국] CCTV-9 2011.1.7

[한국] 한중몽 공동의 뿌리
[서울신문] 2007.04.17

* 신석기 시대 주요 옥 문화(5000-4000년 전) :

　홍산문화 – 제가齊家문화 – 능가탄凌家灘문화 – 양저良渚문화

* 홍산문화 우하량 유적지 : 유옥위장唯玉爲葬. 유옥위례唯玉爲禮.

　우하량 제1지점 중심대묘 일인독존 무인巫人(5,500-7,500년 전)

곽대순〈紅山文化的"唯玉爲葬"與遼河文明起源特征再認識〉[문물] 1997년제8기.

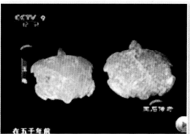

* 우하량 제1지점1호 적석총 21호묘(5,500-7,500년전) 적석총 : 수면옥패.

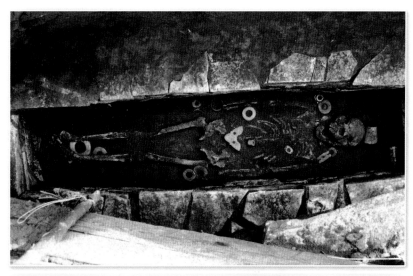

구운형 옥패　　　수면옥패　　　옥늑　　　옥탁玉鐲

* 우하량 제2지점 1호총 4호묘적석총 (5500~7500년전).

옥저룡 7.2cm

옥저룡 10.3cm

옥고玉箍 8.6cm

제2지점 1호총 7호묘

제2지점 1호총 14호묘

제5지점 1호총 중심대묘

* 우하량 제16지점 4호묘 : 능원시, 적석총.

우하량 유적지 제16지점 발굴 중대 성과

[중국문물보中國文物報]
2003년9월5일

우하량 유적지 제16지점은 우하량 홍산문화 유적지군 가운데 서남부에 위치하고, 동북으로 우하량 제1지점 여신묘와 직선거리로 약 4000m 거리에 있으며, 요녕성 능원시凌源市 능북진凌北鎭 삼관전자촌三官甸子村 하하탕구촌민조下河湯溝村民組에 속한다. 유적지는 촌 서북쪽 약 2리 떨어진 산정상 구릉대지 위에 있고 지세는 서북편으로 기울어져 있으며 해발 555.5m이다. 해당 유적지는 홍산문화 이후 하가점하층문화에 성채로 사용되었기 때문에 산 정상에는 지금도 석장의 흔적이 남아 있어서 현지에서는 "성자산城子山"이라고 불린다.

해당 유적지 전모를 더욱 깊이 이해하기 위해서는 홍산문화 적석총의 구조와 배치를 중점적으로 밝혀내야 한다. 국가 문물국의 허가를 거쳐, 요녕성문물고고연구소와 작년과 금년 두해에 걸쳐 16지점 고고발굴에서, 발굴 면적 1575m², 홍산문화 묘장 6곳, 재 구덩이 4곳, 출토 옥기 15점, 녹송석 장식 2점 : 하가점하층문화 방 8곳, 움구덩이 3곳, 재 구덩이 94곳, 재 도랑 4곳, 돌, 골 등 각종 재료로 만든 기물 소품 470여 점을 발견했다. 유적지는 3개 문화층으로 나뉘어져 있다. 상층은 하가점하층문화층이고, 중층은 홍산문화 적석총이고, 하층은 홍산문화 재 구덩이 등 생활유적과 적석 유적이 있다.

문화층	
상층	하가점하층문화, 성자산城子山
중층	홍산문화 적석총
하층	홍산문화 생활유적

중국사회과학원원보
中国社会科学院院报
2006.8.2

* 엽서헌叶舒宪〈늑대 토템, 아니면 곰 토템? 중화 선조 토템의 분석과 반성 狼图腾, 还是熊图腾?关于中华祖先图腾的辨析与反思〉

몽고 초원 위의 선사 문화는 적봉을 대표로 하는 홍산 제 문화가 가장 특출하다. 시대는 8000-4000년 전, 흥륭와문화로부터 하가점하층 문화로까지 이어지고, 4천년 동안 옥기문화는 지속되었다. 오늘날 북방초원 생태 하에서 인류의 토템을 살핀다면 도대체 어떨까, 즉 홍산문화의 옥기는 이에 속하지 않은 것이 없다.

* 독자적 옥 문화

총제13기, 2012.12.

엽서헌叶舒宪〈黄河水道与玉器时代的齐家古国 [古玉收藏与研讨]

1. 고고 발굴은 중원지구에는 옥 광물 자원이 부족해서 중원지구 이남의 하남 남양南阳 지구에 오직 독산獨山 옥 광이 있고, 원고 시대에 중원 문명의 옥 예기 사용은 오히려 매우 적다. 이리두二里头와 은허殷墟 부호묘妇好墓에서 출토된 대량의 옥기 표본으로부터 보면, 다만 한 두 점 정도의 옥기가 독산 옥 재료를 사용해서 제작된 것을 확인할 수 있다. 이러한 물질적인 조건의 제한을 받아서, 지금으로부터 7000-5000년 전 중원지구에 영향력이 가장 컸던 앙소仰韶 문화로 하여금 같은 시기이거나 혹은 약간 늦은 중원이외의 문화 즉 홍산문화, 능가탄凌家滩 문화와 양저良渚 문화들처럼 규모성 있는 옥 예기 생산의 전통을 발전시킬 수는 없었다.

2. 지금까지 볼 수 있는 앙소문화 옥기는 대부분 옥제 공구이거나 작은 장식품들이었다. 곧바로 지금으로부터 4000여년 전 산서山西 양분襄汾의 도사陶寺 문화, 임분临汾 하륵촌下靳村과 예성芮城 파두촌坡头村 묘저구庙底沟2기 문화에는 옥벽, 옥종을 대표로 하는 대형 조합성 옥 예기 체계로서, 비로소 처음으로 중원지구에 등장한다. 그 후 더욱 성숙하고 다양한 옥 예기 체계가 중원 복판에 지금으로부터 3700년 전, 하남 언사偃师 이리두二里头 문화 옥기가 출현했고, 약50cm 길이의 대옥장大玉璋과 약60cm 길이의 대옥도大玉刀가 처음으로 중원 국

가 소재지에 등장함으로써, 이리두 문화의 중간 역할을 거쳐서 하상주 삼대의 일맥상통한 옥 예기 전통을 이루어낼 수 있게 하였다.

[2] 소하연문화小河沿文化

소하연문화 : 기원전 24세기 전후(적봉 지역)

문화층위

하가점하층문화층
기원전 24세기 전후
소하연문화층
기원전 30세기
홍산문화층

	적봉 지역	적봉 이외 지역
	하가점하층문화	하가점하층문화
	소하연문화	
	홍산문화	홍산문화

* 복기대 〈소하연小河沿문화에 관하여〉[단군학연구]제21호, 2007.

소하연문화 : 홍산문화 지층 부순 흔적.

하가점하층문화 : 소하연문화 유적층 부순흔적.

홍산문화 → 소하연문화 → 하가점하층문화로 이어지는 경우는 지역적으로 적봉지역을 중심으로 많이 나타나는 현상이고, 홍산문화 하가점하층문화로 이어지는 경우는 앞서 말한 적봉지역을 벗어난 지역에서 많이 나타나는 현상이다.

지금까지 조사한 결과를 토대로 소하연문화의 상한연대를 추정하려면, 먼저 유적의 층위관계를 확인해야 할 것이다. 내몽고內蒙古 임서현林西縣 백음장한白音長汗 유적에서 이 문화의 층위관계를 추적해볼 수 있다. 이 유적에서는 소하연문화층이 홍산문화층을 부순 흔적이 확인되었다. 또한 홍산문화 요소 중 적지 않은 부분이 소하연문화 요소에 변형된 형태로 나타난 것이 많이 있다. 따라서 소하연문화는 홍산문화보다 연대가 늦다는 것을 알 수 있다. 그리고 산동반도의 중·후기 대문구 문화의 기물들과 매우 유사한 것을 알 수 있다. 예를 들면 8각별이나 부호 등을 볼 때, 두 문화는 거의 같은 시기로 볼 수 있을 것이다. 지금까지 연구된 대문구 문화의 중·후기연대는 기원전 30세기 무렵으로 추정된다. 그렇다면 소하연문화의 상한연대도 그와 비슷한 시기로 보아야 할 것이다.

다음으로 하한연대를 살펴보면 남태지에서 하가점하층문화 유적층이 소하연문화 유적층을 부순 흔적이 나타났다.. 이러한 유적의 중첩현상으로 볼 때 소하연문화가 하가점하층문화보다 빠름을 알 수 있다. 그렇다면 소하연문화의 하한선은 기원전 24세기 전후한 무렵으로 보면 될 것이다.

* 중국 색수분索秀芬(内蒙古自治区咟物考古研所), 李少兵(内蒙古师范大学历史文化学院)

〈小河沿文化年代和源流〉[邊疆考古研院] 2008년 제1기

남태지南台地 유적지 가운데 하가점하층문화 거주지, 소하연문화 지층을 파괴하고 있는 것은, 소하연문화가 하가점하층문화보다 빠르다는 것을 증명한다.

* 일본 갑원진지甲元眞之〈기후변동과 고고학氣候变動と考古学〉 [문학부논총文学部論叢]

97 역사학편, 熊本大学, 2008.3.7.일본.

내몽고 동남부로부터 요녕성 서부 지역에 걸쳐 이 시기는 소하연小河沿 문화로부터 하가점하층문화로 변화하는 시기에 해당한다. 그러나 소하연문화와 하가점하층문화가 상하로 중복하는 유적은 거의 없고 유적의 구체적 모습으로부터 환경변화를 알아내는 것은 곤란하다.

* 암각화 : 생식숭배.

생식숭배 암각화.
내몽고 발견
[중국신문망中國新聞網]
2013.10.3

내몽고 적봉시 옥우특기 대흑산에서 6개 형태의 생식 숭배 암각화를 발견했다. 암각화와 일간에 발견된 것 가운데 가장 주목을 끄는 것은 음양이 상접하고 있는 생식기로, 주위 부호는 혹시 생명의 최초 상태나 생명의 성숙기를 대표하고 있는 것이다. 현지 노인은 머리 위의 별이 각 개인의 생사와 서로 상관된 것이라고 말한다. 측정결과 홍산문화 후기 소하연문화시기에 속한다.

소하연문화 원시 문자 출현 가능성

* **오갑재吳甲才(내몽고 적봉시 옹우특기 인문역사연구소 연구원)**

서쪽 음산陰山 암각화, 동쪽 홍산 암각화. 내몽고 대흑산 암각화 문자 중국 최초 문자 가능성 2008.9.2

적봉 홍산문화 지구 내에서 약 1만 점에 달하는 암각화를 발견했다. 이것은 5만 점에 이르는 음산陰山 암각화 다음으로 많은 관계로 중국이나 세계에서 암각화 실존 량으로 가장 많은 양대 지구이다.

내몽고 적봉시 옹우특기 인문역사연구소 연구원 오갑재吳甲才는, 금번 전시된 암각화는 홍산문화 후기에 속하는 소하연 문화시기에 이르는, 지금으로부터 5500년 전부터 4200년 전의 역사이다. 이 때문에, 암각화 문자부호의 출현으로 중화 고문자는 틀림없이 5000여 년의 역사를 증명해 주는 것이라고 인식하고 있다.

* **적봉시 옹우특기 대흑산 문자 암각화 : 둥근 머리, 십자 문자.**

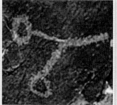

* 소하연문화 : 석붕산石棚山 부호 문자 도기 발견(4900년전).

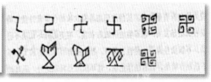

* 소하연문화 : 부호 문자(5000-4200년전)

　　단일 도화부호에서 보면, 이 7개 도화 부호 가운데 한 가지 새가 거꾸로 된 것과 매우 닮은 형상이 있다. 이 도화 부호는 갑골문 가운데 "실至"과 "제帝"와 닮았다. 은상殷商은 "검은 새(玄鳥)"를 토템으로 하고 있고, 따라서 지고무상의 "제帝"는 제비형상으로, 머리 부분은 거꾸로 된 삼각형으로 만들었고, 소하연문화의 도관 위의 거꾸로 나는 새 도화 부호도 삼각형의 머리가 거꾸로 되어 있는 것으로, 이것은 아마 소하연문화 시기의 선주민의 새 숭배 토템과 관련이 있다. 일부 학자들은 상(은)문화의 기원은 중국 북방에 있으며 홍산문화, 소하연문화 및 하가점하층문화와의 관계가 밀접하다고 보고 있으며 이것은 학술계의 한 관점으로 우리가 여기에서 논을 정하는 것은 아니다. 다만 소하연문화 도기상의 원시 문자부호는 틀림없이 갑골문자와 일정관계가 있다. 종합적으로, 소하연문화의 문자 도화부호는 중국 한자 기원 연구에 중요한 자료와 단서이다.

富河文化与后红山文化
[내몽고교육출판사]
2008.1.15

* 유빙劉冰 적봉시박물관장

석붕산石棚山 원시 도문陶文 최초에는 하가점 하층문화를 거쳤고, 나중에는 상商 선조와 함께 남천했으며, 약 천 년의 진화를 거치고 난 후, 결국에는 상대 계통의 갑골문과 금문金文을 형성했다.

원시제문 석붕산 적봉시 이북 30km.

"織, 豆, 田;窯, 窯, 窯, 豆".

초기 상형문자=서화동원書畵同源

* 4900년전 내몽고 적봉시 옹우특기 석붕산石棚山 도자기 부호문자 (사슴 그림과 섞여서 출현) 그 중 한 도기에만 7글자의 부호가 나왔는데, 부호로선 田, 卍 이외에 飛, 燕, 己, 乙 등의 고어체가 있다.

陳惠〈內蒙古 翁牛特 石棚山陶文試釋〉[文物春秋] 1992.

卍形 글자: 白翟의 部族 族徽

* 복기대 : 옥기 문화 쇠퇴 시작 〈소하연小河沿문화에 관하여〉

부호 : 소하연문화의 그릇에서는 부호들이 발견되었다. 이것은 단순한 개별 부호가 아니라 변별적 구조를 갖는 형태이다. 이것은 단순한 개별부호가 아니라 변별적 구조를 갖는 형태이다. 석붕산 무덤에서 네 건의 부호가 새겨진 그릇들이 발견되었다. 이것들이 어떠한 의미를 갖는지는 아직 밝혀지지 않았다. 그렇지만 한 형태의 부호가 다른 곳에서도 나타나는 것을 볼 때, 어떤 의미를 가진 표식으로 보는 것이 타당할 것으로 본다. 그 중 산과 해를 표현하는 형태는 소하연문화뿐만 아니라 산동성 대문구문화에서 나타나는 것과 유사한 것을 볼 수 있다. 앞으로 많은 연구가 필요한 부분이라 생각한다.

[단군학연구]제21호, 2007.

이(소하연) 문화에서 주의하여 연구해 볼 것이 문자의 출현 가능성이다. 글쓴이는 위에서 부호로 추정되는 것을 몇 가지 제시하였다. 이것들 중에는 반복되는 것들도 있다. 그리고 타 지역과 공유되는 현상도 보이는데, 이것은 어떤 형태로든지 의사소통을 위한 방편으로 생각된다. 그렇다면 이 문화 시기에 원시문자가 사용되기 시작했을 가능성이 매우 높다고 봐야 할 것이다. 앞으로 계속 연구가 되어야 하겠지만 만약 소하연문화에서 형상의 표현방법이 나타났다고 한다면 이는 문자 연구에도 큰 돌파구가 될 것으로 본다.

* 중국 엄문명嚴文明교수(북경대) 〈초기 중국은 어떤 모습이었을까?〉

[광명일보]2010.1.14

홍산문화 옥기 가운데 저룡이나 웅룡의 형태는 매우 특수하고, 통일되어 있어서, 대부분 논자들은 홍산인들의 토템이라고 받아들이고 있다. 이것은 홍산문화인들은 통일된 종교 신앙을 갖고 있다는 것을 보여주고 있다. 이러한 신앙은 모종 권력기구와 결합할 경우 거대한 역량을 생산해 낼 수 있다. 전통적인 씨족 부락은 이런 점이 불가능하다. 이 때문에 홍산문화 시기에 이미 모종의 국가 정권이 발생했다고 하는 것은 이치에 맞다고 말할 수 있다. 대체적으로 과분하게 인력과 물력을 사용할 경우 장기적으로 유지하기는 어렵기 때문에 홍산문화 이후 소하연문화 시기에 매우 빠르게 쇠락했다.

* 중국 왕강王强 〈시론사전옥기상감공예试论史前玉石器镶嵌工艺〉

[남방문물] 2008년 제3기.

소하연문화 시기에 이르러 옥기는 쇠락하기 시작하고, 뛰어난 정품도 줄어들어 그리고 상감 기술을 응용한 것도 보이지 않는다. 기타 동북지구, 예를 들어 신락문화, 소주산문화, 소남산 유적지 등에서도 적지 않은 옥기가 출토되었지만 역시 상감 공예는 보이지 않는다.

* 소하연문화 : 출토 옥기

옥어玉魚.
적봉 소하연, 22.7cm

조형옥도鳥形玉刀.
적봉 소하연, 29.3cm

* 篠原昭·島亨[신들의 발광神々の発光—중국 신석기시대 홍산문화 옥기

　조형] 동경 山羊舎, 일본.

옥벽
소하연문화. 직경12.1cm.
옹우특기 대남구 석붕산 묘지 출토

옥탁玉鐲
소하연문화. 직경 7.6cm.
적봉시박물관소장

* 진국경陳國慶 〈소하연문화와 기타 고고학문화 상호 관계분석淺析小

　河沿文化與其他考古學文化的互動關係〉(길림대학변강고고연구중심)

　소하연문화의 팔각성 문양은 대문구문화로부터 발견된 수량이 가장

많고, 지역도 역시 광범위하며 아울러 앞서 열거한 소하연문화와 대문

구문화의 관계로부터 보자면 상당히 긴밀하다.

[변강고고연구邊疆考古
研究] 2009년 제1기.

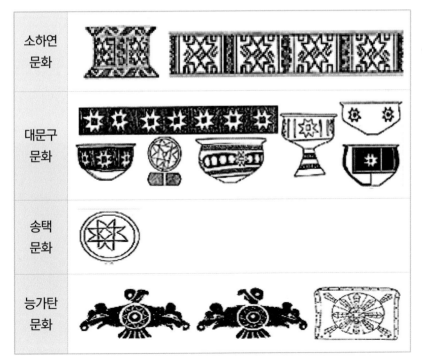

소하연 문화	
대문구 문화	
송택 문화	
능가탄 문화	

* **벽옥다두기**碧玉多頭器 : 오한기 살력파향薩力巴鄕. 권력의 상징.

    홍산문화 유물 가운데 가장 중요한 예기.

    길림 지역: 대형팔각성형 옥기(우주관).

[오한문물정화] 벽옥다두기(예기), 직경:11cm. 오한기박물관

[3] 하가점 하층문화夏家店 下層文化

* **중국 길림대학 주홍**朱泓 : 하가점하층문화 유골(134점:5000년전)

    하가점 하층문화에서 나온 134개의 인골의 체질인류학적 분석을 시
도했다. 연구결과 크게 두 개의 종족으로 나누어졌는데 요하문명 일대
의 고(古)동북형이 3분의 2이상 차지하는 것으로 나타났다.

[단군학연구] 제21호.
2007.

* **한국 복기대 교수** : "요서지역 고대인들의 60% 이상이 우리민족과
친연성이 있는 고동북형"

    과학실험 결과 : 인적계승 관계. 체질인류학적 분석. 종족 구분.

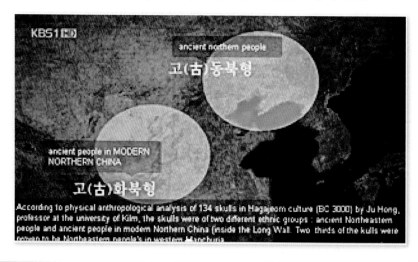

하가점 하층문화 : 홍산문화 연관성(삼좌점 석성, 구운형 옥패,도철문)

하가점하층문화 옥기, 홍산문화 옥기, 그대로 이어 받았다.

홍산문화는 옥기가 매우 발전한 문화이다.

〈홍산문화와 하가점하층
문화의 연관성에 관한
시론〉[문화사학]제27호.

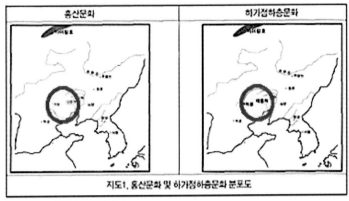

지도1. 홍산문화 및 하가점하층문화 분포도

그림2. 홍산문화와 하가점하층문화 석성비교

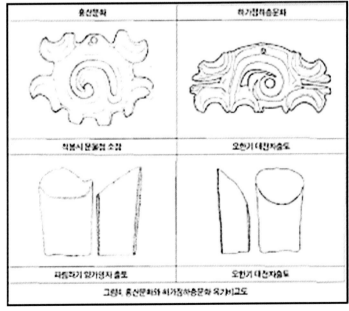

그림4. 홍산문화와 하가점하층문화 옥기비교도

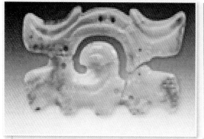

해당 논문에서 인용된 옥 실물

홍산문화	하가점하층문화
우하량 출토	대전자 출토

그림5. 홍산문화와 하가점하층문화 도철문 비교도

* **하가점 하층문화** : 적봉시 오한기 대전자大甸子 홍릉와 출토.

옥고.
대전자 833호묘 출토
중국사회과학원고고연구소소장

곡면옥패식曲面玉牌饰
대전자묘지659호묘 출토
7.1cm

□ 하가점하층문화 : 성숙한 문자 부호 존재.

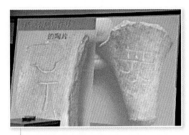

하가점三座店 석성 도편문자
(4000-3400년전)

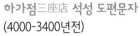
채도彩陶 문자부호

* 내몽고 문물고고연구소 곽치중郭治中 문자부호(상형부호)

아래 "기안" 상형부호, 윗 부분 "자柴" 상형부호.

하가점 하층문화 시기 성숙한 문자부호 존재.

* 안지민安志敏(중국사회과학원)〈논"문명의 서광"과 우하량 유적지 고
  고 실증 論"文明的曙光" 和牛河梁遺址的考古實證〉

하가점하층문화 우하량 동 장식, 야동冶銅 도가니 벽 연대측정 결과,
홍산문화보다 천 여년 늦은 것 판명.

[北方文物] 총제69기, 2002년 제1기.

　당시 목격된 한 곳의 적석총의 표층 석관에서 한 점의 동 장식이 출토
되었고, 거의 홍산문화 유물에 속하지 않은 것 같았다. 다만 과거에 발
표된 자료에서는 일반적으로 동 장식에 대해 언급하지 않고 있으며, 최
근 공표된 "홍산문화의 야련 유적 및 동제품"에서 새로운 정보를 제공
하기 시작했다.(소병기주편[중국통사]제2권, 서언, 상해인민출판사, 1994) 특별
히, 1987년 발굴 중 드러난 야동冶銅 도가니 벽은 화학실험과 탄소14
연대 측정을 통해 이미 하가점하층문화에 속하고, 동시에 홍산문화보
다 천여 년 늦은 것으로 확정되었다.(李延祥 등〈우하량야동노벽잔편冶銅爐
壁殘片연구〉[문물]1999년제12기, 44-51쪽) 그리고, 우하량 유적지는 서로 다
른 시대의 문화 유적을 갖추고 있다는 것은 이미 의심할 수 없는 사실
이다. 이밖에도 다른 방증이 있는데, 예를 들자면 여기서 발견된 대량의
옥기는 줄곧 홍산문화 적석총군 가운데 대표적인 유물로 간주되었지

만, 다만 정식 보고에 의한 인증의 결핍때문에 이미 발표한 논저 중에도 거의 완전히 일치하지 않는다.

[4] 요동(길림 흑룡강) 지역

(1) 요동 반도 지역

뱀형 옥귀걸이 : 뱀 토템 [산해경]기록 입증. 전가구 9호묘 출토 옥기.

[대련일보] 2013.2.21.

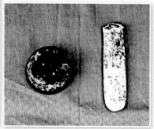

2009년부터 요녕문물고고연구소는 연속적으로 수년 간 능원시 전가구田家溝 홍산문화 묘지에 대해 고고 발굴을 진행한 결과, 처음으로 묘 주인이 오른쪽 귀에서 뱀형태 옥귀걸이가 출토되었다. 이 뱀 형태 옥귀걸이는 성인 식지 중지를 합친 정도 크기로 백색을 띠고, 뱀 머리 입, 눈 분명하게 볼 수 있으며 매우 광채가 난다. 다만 아래 부분이 조잡하다. 그 연대는 5300-5000년 전후이다.

[산해경] 가운데 상고 시대에 무당의 뱀 귀걸이에 대한 전설이 실려 있어서 뱀 형태 옥귀걸이 출토는 [산해경]의 기재가 틀리지 않은 것을 증명한다. 이미 전문가들이 지적한 가장 먼저 출현한 8000년 전 흥륭와문화로부터 일관되게 지속된 지금으로부터 5000여년 전 홍산문화 옥결은 일종의 상고 시대 사회의 상층 인물이 신분을 나타내는 귀걸이 장식으로서 그리고 이런 고급 인물은 당연히 당시의 무격巫覡이다. 옥결의 원형은 바로 뱀으로 당시 사회에서 유행한 뱀 숭배 습속의 산물로 서 전가구에서 출토된 뱀 형태 귀걸이가 바로 당시의 신기神器이다.

* '소주산小珠山–미송리' 문화 유형 : 고조선 시기. 요녕성 남부.

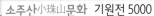
소주산小珠山문화 기원전 5000

옥도끼玉斧 소주산 유적지 출토

* 곡옥 : 신석기 시대 벽옥 계통 곡옥 사용(미송리 유적).

　미송리유적美松里遺跡에서는 벽옥계통碧玉系統의 옥석제인 곡옥형 수
식이 출토되었는데, 흰색을 띠고 전면을 잘 갈았으며 한쪽에 구멍이 뚫
려 있다. 크기는 길이 16㎜, 너비 7㎜, 두께 4㎜의 작은 것이다.

　청동기시대에 이르러 뚜렷한 형태로 제작된 곡옥은 한때 일본에서 건
너왔다고 하였으나, 매우 이른 시기인 신석기시대의 미송리 유적에서
출토된 벽옥 계통의 옥석제 부정형 곡옥에 의하여 일찍부터 우리나라
에서 이것이 사용되었음을 알 수 있다.

[한국민족문화대백과]
한국학중앙연구원

* 고조선 시기 : 요동지방, 미송리형 토기. '소주산小珠山'–미송리문화
　유형.

　요동지방 (단동 대련 지구 중심) : 북한 동일문화권 설정.

　북한에서는 단동·대련지구를 중심으로 요동지방의 後窪, 上馬石, 小珠
山, 新樂 유적 등에서 출토되는 꼬불무늬와 미송리의 것이 같다고 보아
동일한 문화권을 설정하였다. 이들 문화 유형을 '소주산–미송리유형'
이라고 한다. 미송리 유적의 신석기시대는 新樂 유적의 방사성탄소연대
를 참고하여 B.C. 6000년기에 해당된다고 편년 되었다. 이것은 신석기
시대 상한을 B.C.5000년으로 보던 종래의 주장에서 1000년을 올린 것

의주義州 미송리美松里 유
적 [고고학사전], 2001.
12, 국립문화재연구소

이며, 북한의 시기구분 가운데 가장 이른 시기에 속하는 것이다. 그리고 1980년대 중반까지 신석기 후기(B.C.3000년기 후반기)에 해당된다고 여겨지던 미송리 유적이 한국에서 가장 이른 신석기 유적으로 등장하게 되었다.

미송리형 토기는 이후 한반도 북부를 비롯해 요동지역에 까지 널리 분포하는 것으로 밝혀져 고조선 시기를 대표하는 유물이 되었다. 유적의 연대는 B.C.8−7세기, 고조선시기에 들어간다.

부채도끼(扇形銅斧)=비파형 동검과 함께 출토 : 요녕성 중심 분포.

청동도끼는 날과 머리부분이 부채꼴로 퍼진 부채도끼와 전체적으로 장방형을 띤 장방형 청동도끼가 있으나 부채도끼가 전형적이며 비파형 동검과 함께 출토되고 있다. 이러한 특수한 형식의 도끼는 중국 요녕성 遼寧省을 중심으로 분포하고 있으며 그 대부분이비파형 동검문화의 유적에서 발견된다.

조양潮陽 십이대영자十二臺營子, 금서錦西 오금당烏金塘, 심양瀋陽 정가와자鄭家窪子

한국의 미송리·영흥읍 유적 등이 요녕성의 청동기문화와 비슷한 성격을 띠고 있기 때문에, 한국의 부채도끼는 요녕성 청동기문화의 영향 아래 제작된 것으로 보인다. 부채도끼 중 고식 청동도끼들은 비파형 동검과 같이 반출되고 있어 시기는 대체로 청동기시대 전기에 비정比定될 수 있다.

(2) 길림 지역 : 동이계 소호국은 홍산문화에 속한다.

* **정재서 교수** : 소호국은 동북의 홍산문화 쪽에 속한다.

[산해경·대황동경大荒东经] :

"동해의 바깥 큰 골짜기, 소호少昊의 나라, 소호는 어린 황제 전욱顓頊이 곳에서 나왔다."

[앙띠오이디푸스의 신화학] 260쪽 창비, 2010.9

동해의 바깥은 소호少昊 조이鸟夷 부락의 생활 터전이다. 동해의 내와 외의 구별은 각각 서로 다른 문화영역에 속한다는 것이다. 여기서 말하는 "동해지외东海之外"는 비단 "전세계 7대주 5대양을 말하는 것일 뿐 아니라," 주로 "동해"이외의 영토, 예를 들어 해외 숙신肅愼 해외 부여 등 동북지역 국가들 앞에 모두 해외海外라고 두 글자를 썼다. 요하 유역의 홍산문화는 동해 바깥으로, 황하유역의 대문구 문화와 용산문화는 동해의 안쪽에 속한다. 따라서 소호국은 산동 대문구나 용산문화에 있지 않고, 동북의 홍산문화 쪽에 속한다.

동이계는 태호太昊 · 소호小昊 · 제준帝俊 · 예羿

* 유국상刘国祥 **연구원(중국사회과학원 공공고고연구중심 상무 부주임) :**

[장춘일보] 2012.2.16.

길림성 경내 좌가산 문화 유적지에서 발견된 석룡은 매우 독창성이 뛰어나다.

그는 논문에서 명백하게 지적하고 있다. 길림성은 중국 대륙 동북지구 중부에 위치하고, 그 동쪽과 동남쪽은 각각 소련, 조선과 영토를 맞대고 있으며, 북, 서, 남쪽은 각각 흑룡강, 내몽고, 요령과 접경되어 있는 동북지구 선사시대 옥기 연구에 있어서 중요한 구역이다.

* 뢰광진雷广臻**(조양사범고등전과학교)교수 :〈홍산문화와 황제문화의 관계〉**

[조양일보] 2010.4.22

[산해경 대황북경] 전욱顓頊장지. 부여 문화 지역.

우리들은 〈해외북경〉과 〈대황북경〉은 당연히 같은 방향이라고 말한다 : 한 방위 그 기술된 사물과 길림, 요녕 지구의 부여문화와는 서로 들어맞는다는 것이다. [산해경]에는 부여에 관한 기술이 매우 많고, 〈해외북경〉의 기록에는 "무우务隅(yú)의 산, 제 전욱顓頊은 양에 장사 지냈고, 구빈九嫔은 음에 묻었다." [대북황기]의 기록에는 "부우附禺의 산, 제 전욱과 구빈을 장례 지냈다." 두 편의 기록된 "무우务隅" 和 "부우附禺", 모두 "부여扶余"를 지칭한다. 제 전욱을 이곳에 장사 지냈다.

* 박선희(상명대학교) 〈홍산문화 유물에 보이는 인장의 기원과 고조선 문화〉

[비교민속학]제49집

1. 홍산문화지역에서는 다른 지역과 달리 문화유적들의 성격이 대규모 정치적 구조물이나 종교의식과 밀접한 관련을 갖고 있어 다양한 짐승모양의 옥기와 옥인장이 출토되었을 것이다. 이 지역에서는 자연과 짐승들을 대상으로 한 주술적인 의식이 이루어졌을 가능성이 있다. 이와 달리 길림성 지역과 흑룡강성 지역의 무덤들은 단순히 주검을 매장한 무덤들이기 때문에 장식품과 비실용성의 생산도구만을 옥기로 만들어 매장했을 것이다.

2. 흑룡강성의 신석기시대 무덤유적에서도 많은 량의 옥기가 새김무늬 질그릇과 함께 출토되었다. 발굴자들은 흑룡강성 25곳의 신석기시대 유적에서 97개의 옥기가 출토되었는데, 옥기의 재질은 매우 세밀한 것으로 압록강변의 岫岩玉이라고 분석했다. 발굴자들은 흑룡강성 지역의 옥문화를 만들어낸 종족을 동이족 혹은 古夫餘보다 앞선 토착문화일 것으로 보았다.

3. 신석기 후기의 좌가산 유적과 서포항 유적 4기층(서기전3,780-서기전3,530년)에서는 곡옥과 뼈, 돌로 만든 나뭇잎 모양의 단추장식과 조개껍질로 만든 구슬, 팔찌 등이 많이 출토되어 의복장식이 이전보다 화려하고 다양한 조형미를 추구해나간 모습이다.

* 길림 지역 : 흥륭와 문화, 신락新乐문화, 홍산 문화 관계 밀접.

[장춘일보] 2012,2,16. 1985년 길림대학 고고연구계 발굴.

〈국가박물관 소장 "중국 제일 석룡" 출토 유적지. 농안 좌가산문화 석기 발견〉

출토 유물 : 도기, 석기, 골기 대량.

탄소(C14) 연대측정 : 각각 6,755년, 4870년(표본 두 점)

석조룡石雕 출토 : 출토 후 국가박물관 징집. 출토 유물 가운데 두 점 석조룡 주목.

6000여 년전 좌가산2기 문화 유물(홍산문화 옥저룡 특징).

신석기 1985년
농안 좌가산 출토.
4.4cm

신석기 1985년
농안 좌가산 출토.
3.8cm

기러기형 패식

흑석 잠인蚕人
누에고치형 인물

* **중화 제일 석룡 출토** : 길림 농안 좌가산문화(기원전5000-4000년 전)

좌가산 문화 : 제2 송화강 유역 및 전체 동북지구 중요 고고학 문화
가운데 한 곳.

[장춘일보] 2010.5.20.
2009.11.10

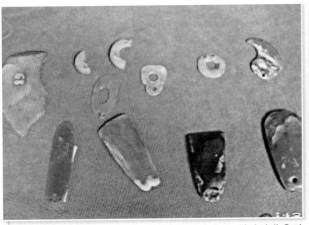
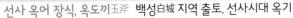

선사 옥어 장식, 옥도끼玉斧 백성白城 지역 출토. 선사시대 옥기

* **등총邓聪교수, 왕립신王立新교수** : 옥결(7000년 전.백성박물관). 길림성
최초.

지금으로부터 6000여년 전 유적지에서 출토된 한 점의 옥결 위에서
공통으로 "모래묻힌 끈으로 절단한" 흔적을 발견했으며, 이것은 처음
으로 길림에서 확인된 "모래 묻힌 끈 절단" 흔적이다. 이런 종류의 가공
기술은 보편적으로 동북아시아 일본열도 북부로부터 러시아 해변지구,

중국 흑룡강 지구 등 8000년 전 신석기문화에서 보편적으로 보인다. "모래 묻힌 끈 절단" 흔적은 길림성에서 출토된 선사 옥기 중에서는 처음으로 발견되었다. 이 옥결의 연대를 평가하면 적어도 7000년 전으로 아마 길림에서 발견된 가장 빠른 옥기 중 하나일 것이다.

* **모래 묻힌 끈 절단 기술** : 동북지방 적봉 오한기 흥륭와(8000년전).

경로 : 흑룡강－동북평원－황하하류산동일대－양자강 중하류－광동 북부 북강수계

장춘일보 2009.11.10

2004년, 그와 여홍량呂红亮, 진위陈玮는함께 옥기절단 실험을 했다.옥기 절단실험은 공동논문〈이유제강사승재옥고以柔制刚砂绳截玉考〉 가운데 "현재 고고 자료로부터 보아, 절단기술은 동북에서 기원한 후에, 다시 서쪽으로 확산되어갔으며. 흑룡강 이남으로부터 동북평원을 따라, 황하로 내려와 산동 일대, 양자강 유역 중, 하류, 그리고 광동 북부 북강北江 수계의 광활한 범위까지 미쳤고, 모두 신석기 시대 옥기 선 절단 흔적을 발견할 수 있었다."

* **서단산 유적** : 흥륭와－홍산문화－고조선 문화 연결

지금으로부터 8000년 전 중국 적봉 오한기 흥륭와 유적지에서 발견된 옥기 선 절단 기술은 지금까지 세계에서 같은 종류 공예 연대에서 대표적으로 가장 빠르고, 중미보다는 5000여년 앞선다.

숙신족의 유적일 것으로 추정되는 서기 전 5세기에서 서기 전 4세기경에 속하는 길림성 서단산무덤 유적에서도 옥장식품이 다량 출토되었다. 서단산문화의 장식품은 돌과 옥으로 만든 것의 비중이 가장 크고, 청동류와 이로 만든 것이 가장 적었다. 옥으로 만든 장식품 가운데 백석관白石管은 절대적으로 많은 수량을 차지하는데 1559개나 된다. 이처럼 고조선 후기 유적에서도 옥 제품이 많은 양 보이는 것은 신석기시대 초기 흥륭와유적의 옥장식이 홍산문화에서 꽃 피고 다시 고조선문화로 이어졌음을 알게 한다.

21.5cm 18.3cm

14.3cm 20.5cm.

옥도끼玉斧
길림성 진뢰현鎮賚县
취보산聚宝山 출토.
백성시박물관 소장.
진뢰현문물관리소 소장.

* **유국상**(중국사회과학원고고연구소) : 홍산문화 최대 옥사玉耜(40cm).

장춘일보 2011.1.25

길림성 홍산문화 연구회 회장 손수림 소장의 옥사玉耜는 홍산 문화 시기에서 형태가 가장큰 석사石耜(굴토 공구)이고, 국가의 중요한 보물에 속한다.

* **복기대** : 대형팔각성형 옥기 〈소하연문화에 관하여〉

소하연문화와 산동성 대문구문화 중후기 기물, 매우 유사(팔각별. 부호 등).

[단군학연구] 제21호, 2007

내몽고內蒙古 임서현林西縣 백음장한白音長汗 유적에서 이 문화의 층위 관계를 추적해볼 수 있다. 이 유적에서는 소하연문화층이 홍산문화층을 부순 흔적이 확인되었다. 또한 홍산문화 요소 중 적지 않은 부분이 소하연문화 요소에 변형된 형태로 나타난 것이 많이 있다. 따라서 소하연문화는 홍산문화보다 연대가 늦다는 것을 알 수 있다. 그리고 산동반도의 중·후기 대문구문화의 기물들과 매우 유사한 것을 알 수 있다. 예를 들면 8각별이나 부호 등을 볼 때, 두 문화는 거의 같은 시기로 볼 수 있을 것이다. 지금까지 연구된 대문구 문화의 중·후기연대는 기원전 30세기 무렵으로 추정된다.

* 유국상 : 대형팔각성형 옥기, 홍산문화 우주관 반영.

   홍산문화 후기에 속하고 지금으로부터 5500년 전부터 5000년 전.

[장춘일보]2012.5.22.

(3) 흑룡강 지역 : 옥기 유적지 266곳, 출토 옥기 173점

 * 우건화于建华 : 100여 종류 완전한 옥기 출토〈흑룡강성 출토 신석기
   시대 옥기 및 상관문제〉

[북방문물]1992년 제4
기.

   흑룡강성 신석기 시대 옥기 출토는 비교적 이르다. 50년대 초, 중국의
저명한 고고학자 이문신李文信 선생 등 선배학자들은, 의란누긍합달依
兰楼肯哈达 동굴 유적에서 한 무리 정교한 옥기를 발견, 세인들 앞에 보
여주었다. 그 후, 특히 최근 10년 사이 중국 고고 사업의 발전, 문물기구
의 건전성과 유관 공작인원의 노력에 의해, 근 백 종류에 가까운 비교
적 완전한 옥기가 흑룡강성 광활한 대지 위에서 계속해서 출토되었다.

 * 유국상 : 흑룡강성 선사 옥기 중요. 〈흑룡강 선사 옥기연구〉

[중국역사박물관간]
2000년 1기

   중국 선사시대 동북지구 옥기 발전 과정에 있어서, 흑룡강성 선사 옥
기는 중요한 위치를 차지한다. 현재 자료 통계에 의하면, 흑룡강성 경
내에서 출토된 선사시대 옥기 지점은 총 266곳, 출토 옥기 총수는 173
점, 주요 종류로는 부斧, 산铲 분锛착凿비형기匕形器, 관, 구슬, 황璜, 쌍뉴
이빨 달린 둥근 옥, 타원형기, 쌍련, 삼련 옥벽 등.

 * 신용하교수 : 예족濊族 눈강 기원, 흑룡강 지역 〈고조선 국가의 형성〉
   "예" 부족은 嫩江 유역에서 기원한 부족이었다. "예강"은 지금의 嫩
江(눈강, 송화강의 지류)의 옛 이름으로 비정된다. 예 부족이 기원한 땅은

[사회와 역사 제80집
(2008) 한국사회학회

扶餘국이 세워진 땅이었다. [後漢書]에 "부여국은 본래 예의 땅이다"고 한것이나, [晉書]에 "(부여)국 안에 옛 성이 있는데 이름은 예성濊城이다. 대개 본래 예맥濊貊의 땅이다"고 한 기록에서 이름을 알 수 있다.

"예" 부족은 처음 고기잡이와 수렵의 경제생활을 했으며, 따라서 수초와 사슴·멧돼지 등을 따라 강을 중심으로 이동하였다. 다산 정약용은 "예濊는 지명이거나 또는 수명水名이다. 그러므로 군장이 스스로 濊王이라 자칭하였다"고 기록하였다.

* 흑룡강성 소남산小南山(신석기시대 7500-5000년 전)유적지.

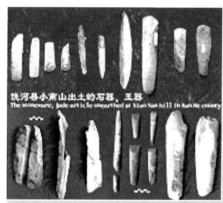
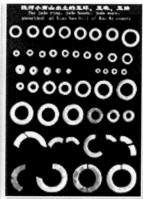

1991년 주봉에서 두 사람 합장묘에서 각종 부장품 117점이 발견되었고, 그 가운데 옥기 62점, 현재 소남산 유적지에서 채집, 징집한 옥기 72점은 성 전체에서 발견된 옥기의 45.3% 종류는 12종류에 달하고, 성 전체 유적지에서 출토된 옥기 가운데 가장 많고, 종류도 다양한 최고의 유적지이다.

* 흑룡강 지역 옥벽 :

태래현泰来县 태래진泰来镇
동명사촌东明嘎村.

쌍련옥벽 5.91cm.
태래현 동옹근산东翁根山,
태래현박물관 소장.

삼련옥벽
상지시尚志市.
9.37cm.

동명사东明嘎 묘장 출토 옥기.
흑룡강성문물고고연구소소장

옥벽 4.32cm   옥벽 4.57cm   옥벽 7.15 - 8.93cm

태래현 동옹근산 유적 출토. 태래현박물관 소장.

* 부여왕국, 읍루왕성 :

〈읍루挹婁왕성에서 부여왕국을 보다－봉림凤林고성채방기〉

[강성일보江城日报]
2010.7.21

봉림고성지 평면도 흑룡강성문물고고연구소 제작

　왕학량王学良 선생의 소개에 의하면, 이것은 현재 중국내에서 발견된 최대 반지하 궁전이다. 그것은 만주족 조상 읍루인들이 이미 문명시대에 진입해서 "읍루왕성"을 건립한 사실을 충분히 증명해주고 있다. 그는 他说 봉성지와 상대적인 포태산 성지는 여러 고고학 전문가들의 실지 조사를 거쳐 확정된 것으로는 중국내 현재 발견된 가장 규모가 크고 기세가 융위한 "북두칠성" 제사단이라고 말한다. 중국의 저명한 천문학자, 천문고고전문가 이세동伊世同 선생은 봉림성지는 행정관리 지점이고, 포태산炮台山 성지는 제사 장소로, 읍루왕성은 고인들이 말하는 "경천, 예, 지"와 부합한다고 인정했다. 2001년 7월, 저명한 천문고고전문가 이세동은, 포태산으로 와서 조사할 당시 명백하게 답을 내어 놓았다 : 천문학 연차를 사용, 교정결과, 8개 산 정상 구멍은 대표적으로 후세에 칭하는 "태일太一" 혹은 "천일天一"성, 즉 당시의 북극성을 대표한다. 이선생은 유적지 가운데 북두칠성 방위 표시가 매우 명확하여 의심할 여지가 없다고 했다. 포태산 성지가 비록 한·위 시기에 지어졌지만, 북극성의 별자리 표시는 오히려 지금으로부터 4500 년 전 무렵의 별자리 계통을 반영하고 있는 것으로 한 시기에 동북에 거주하던 그 선조들의 천문지식의 전승관계를 보여주는 것이다. 포태산 북두칠성 제단은 중국에서 처음 발견된, 같은 종류의 제단 중 최대 규모인 연대가 가장 빠른 제단이다. 그것과 봉림고성은 무슨 관계일까?

(4) 한반도

* **경기도박물관 이헌재 학예연구사** : 경기도 파주 주월리 출토 옥저룡.
신석기인들의 장식품, 옥기.

옥저룡 모양은 동물머리를 형상화한 옥기이다. 원래 옥저룡은 중국
요령성 신석기시대 홍산문화에서 알려진 '옥저룡玉猪龍Dragon and Pig'에
서 따온 말로서 '옥으로 만든 돼지와 용'이란 뜻이다.

파주 주월리의 옥기 역시 홍산문화의 옥저룡의 부류에 포함시킬 수
있을 것이다. 가운데 구멍의 두 곳에 끈을 매달 수 있는 홈이 나 있고 홈
의 모양은 중국 소주산小株山 2기 오가촌吳家村에서 출토된 옥제품의 수
법과 통하는 바가 있다.

파주 주월리의 옥기는 중국 동북지방 요하유역의 신석기시대 홍산문
화紅山文化Hungshan Culture의 옥기 형태와 유사하다. 홍산문화는 중국
신석기시대 후기에 속하며 주로 요령성遼寧省 서부 적봉시赤峯市 일대에
분포한다. 1996년 집중호우로 세상의 빛을 본 주월리 옥기 장식품이
신석기시대의 교역품인지, 이주민이 가지고 온 것인지 혹은 한반도의
신석기인들이 직접 가공한 것인지는 더 연구해야 할 과제이다. 한 가지
분명한 사실은 신석기시대 주월리 일대에 살았던 사람들이 오늘날 현
대인들처럼 옥기를 사용하였다는 것이다. 아마 완전하고 아름다운 영
원한 삶을 염두에 둔 건 아니었을까.

2 흑피옥문화

[1] 옥 룡

(1) 옥결 : 오한기 흥륭와-강원 고성 문암리-우하량-옹우특기

8000년전
흥륭와興隆窪

강원 고성 문암리

6000년전
전남 여수 안도리
광주박물관

일본 桑野 유적

5000년전
울산 처용리 울산박물관

5300-4300년전
중국 양저문화

(2) 옥룡 : 7500-5500년전. 홍산문화 우하량牛河梁

옹우특기삼성타랍 수집
중국국가박물관

동괴방구東拐棒溝 출토 주장
옹우특기박물관

* 공식 명칭 : 옥룡

[경향신문] 1989.2.3

한국 옥룡
"세계최고 옥룡", "나는듯 발해 옥룡" 이형구교수 <한문화의뿌리>

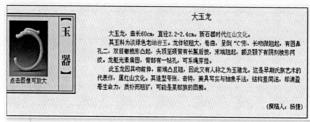

중국 옥룡
중국 고궁박물원, 부족 토템. 홍산문화 초기 씨족예술 대표작.

한국 고구려 고분 벽화 : 달의 신과 해의 신. 중국, 복희 여와 주장.

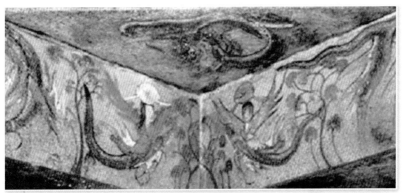

집안 고구려 벽화 오회분4호 달의 신과 해의 신

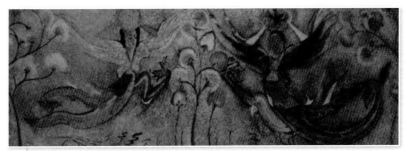

집안 고구려 고분 벽화 오회분 5호

4000년전-3500년전 하가점하층문화 옹우특기 삼성타랍 수집

* **주내성**朱乃誠**(중국사회과학원 고고연구소) :**

　홍산문화 수면결형 옥식의 연구가 진행됨에 따라 삼성타랍 옥룡과 홍산문화 수면결형 옥식과는 결코 직접적인 관계가 없다는 것이 밝혀졌다. 삼성타랍 옥룡은 홍산문화 옥기가 아니라, 그 연대는 아마 하가점하층문화 시기이다.

〈紅山文化獸面玦形玉食研究〉[고고학보] 2008년 제1기.

1. 삼성타랍 옥룡과 홍산문화 수면결형 옥식은 직접적인 변화관계가 없다.

2. 삼성타랍 옥룡은 홍산문화 옥기가 아니다.

(3) 옥수형결玉獸形玦 : 공식 명칭 미확정 단계

중국 : 옥수형결玉獸形玦. 중국 고궁박물원. 신격화된 동물 표현. 동물 숭배.

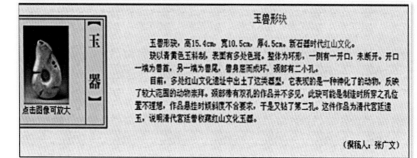

청대 궁중 수장품 신석기 시대 홍산문화. 출토유물이 아닌 사실 설명.

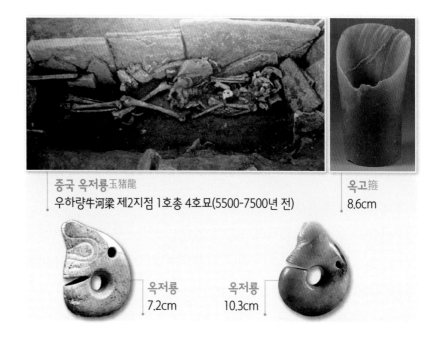

중국 옥저룡玉猪龍
우하량牛河梁 제2지점 1호총 4호묘(5500-7500년 전)

옥고箍
8.6cm

옥저룡
7.2cm

옥저룡
10.3cm

옥룡 영국 대영박물관

* **옥수형결**玉獸形玦 : 다양한 동물 토템 반영.

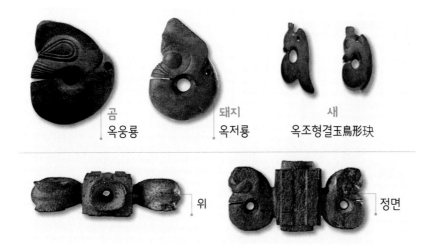

곰
옥웅룡

돼지
옥저룡

새
옥조형결玉鳥形玦

위

정면

* **옥수형결 + 인물상** : 각종 동물 토템 부족장.

40cm
정면과 측면

* 옥수형결 + 동물 : 서로 다른 동물 토템 부족집단 사회.

[2] 옥조玉鳥(신조神鳥) : 천신. 수獸=지신. 천지결합

새 토템 부족 동이족 : 지고무상 天帝. 태양의 아버지. 제신 우두머리

옥응玉鷹
상해박물관. 북경고궁박물원(2.5cm, 홍산문화, 독수리 관련)

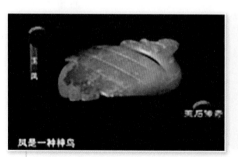 

요녕성 능원 우하량 출토, 5500—6000년 전.

"가장 완전한 최초 발견된 옥봉. 옥봉의 원형은 고귀하고 보기 힘든 동물. 홍산문화의 옥 조각의 대상 동물은 고도의 사실적 예술로서, 일정한 예술 수준에 이르러서 비로소 봉이 등장했다."

[인민일보해외판]
2011년5월 21일

 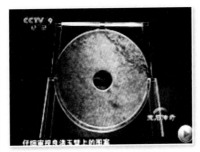

제단 위 옥조 양저문화 비조飛鳥(제사장, 신권 장악).

북미 서해안

중국 하란산

앙소仰韶문화 陶甁

흑피옥문화 옥조

* 옥조神鳥 + 동물 : 다른 동물 토템 숭배 부족 집단 결합.

* 옥조 + 태양신 : 태양신 부족장.

* 옥조 + 인물상 : 부족장, 집단의 우두머리.

[3] 반인반수 : 우수인신牛首人身(태양신)

(1) 태양신 : 우수인신牛首人身. 신농 염제(고구려 고분벽화).

집안지역 현지 촬영 자료
1993년 조선일보

흑피옥문화
35cm

홍산문화
7.7cm

정재서 교수 [앙띠 오이
디푸스의 신화학] 창비
[한겨레] 2010.9.10

* 우수인신 : [산해경] 동이계 신화. 한국 신화의 원형 가능성.

　"신화시대에 중국 대륙은 많은 민족들이 공존했습니다. 중국 신화가 포괄하는 내용은 동아시아 문화라고 할 수 있는 것이죠. 신화시대엔 국경이 없었잖아요. 너무 배타적으로 중국 신화는 우리와 상관없다고 보는 것도 근대 민족개념이 생긴 뒤의 관념이라 볼 수 있어요. 일국 중심 신화론에서 벗어나야 그 공통의 뿌리를 가지고 연대할 수 있다고 봅니다"

　고대 중국 대륙은 다수 종족이 공존했던 무대였으니 중국 신화는 동아시아 차원의 공통 자산이라는 것이 지은이의 핵심 주장이다. 이 연장선에서 그는 고구려 고분벽화의 신들을 대조하여 〈산해경〉의 동이계 신화 가운데 염제·치우 계통의 신들은 한국 신화와 상관성이 높다는 점을 드러내 보인다. 이들이 '한국 신화의 (일부) 원형'일 가능성이 있다고 말한다.

* 흑피옥 문화 태양신 : CCTV 공식 보도.

世博看国宝:红山古玉
[国宝档案] CCTV-4.
2010.8.17

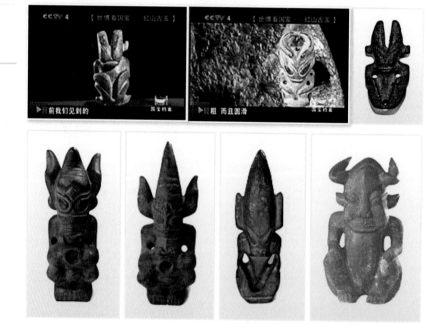

* 우수인신 태양신 + 새끼 소 : 태양신 + 신인

큰뿔소와 새끼소
H22

큰코뿔소와 인면새끼소
H26

어미소와 새끼소
H29.5

소와 사람
H24.5

[4] 기타 동물

* 저수인신猪首人身 : 돼지 토템(시위씨豕韦氏. 봉희씨封豨氏).

* 양수인신羊首人身 : 고강족古羌族.

* 거북토템 : 황제헌원씨軒轅氏 관련.

진일민 [홍산옥기] 135
쪽, 상해대학출판사,
2004.4. 143쪽

사슴 토템
녹수인신鹿首人身

개 토템
머리에 홀을 쓴 개 머리 여신상

말 토템
머리에 마수인신상을
얹고 있는 마두상

구신인두龜身人頭
거북 몸 사람 머리

해내동경
뢰택의 주신 번개 뢰신雷神
[산해경]

* 반인반어半人半魚 : 씨인국氏人国

정재서 [앙띠 오이디푸스의 신화학]
창비. 2011

인수어신용人首魚身俑
唐 (陶俑) 48cm 1950년 강소성 남경시

* 개구리 토템 :

개구리를 얹고 있는 여신상은 바로 홍산문화
성 숭배와 생식 숭배의 우상이다. 이 조각 머리
부분은 매우 크고, 머리 위에 한 마리 청개구리
를 얹고 있고, 신상은 구부린 채로 서있고, 유방
이 돌출되어 있고, 이런 종류의 여성 기관이 특
이하게 큰 조각은, 그 목적이 매우 확실하게 진
실되게 원시부락 민중의 성과 생식 숭배를 실질

진일민 [홍산옥기]
129~130쪽. 상해대학출
판사, 2004.4

머리에 개구리를 얹고
있는 여와씨女娲氏

적으로 반영한 것으로, 바로 머리 위의 청개구리가 생식 숭배에 대한 가
장 좋은 설명이다. 청개구리의 번식능력이 특별히 왕성한 것은 이미 선
사시대인들의 주목을 받았던 것이다.

* 뱀 토템 씨족 + 두꺼비 토템 씨족 = 부락 구성.

20세기 80년대 부신 사해 유적지에서 8000년 전, 뱀이 두꺼비를 물
고 있는 문양의 통형 도관이 발견되었다. 이것은 지금까지 발견된 것
중 가장 빠른 뱀의 도상이다. 이 유물은 이미 원시 예술 작품이고 또한

중국 최초 뱀 문물 8000
년 전: 사해 선주민 토템
[대련일보] 2013.2.21

토템숭배 작품이다. 이 도관은 마치 사해 취락이 두꺼비와 뱀의 두 씨족으로 구성된 부락인 것을 표현하고 있는 것 같고, 사해 선주민은 이미 두꺼비의 이러한 매우 강력한 번식 능력을 기대했으며, 또 이러한 뱀과 같은 강력한 위력을 갖춘 동물이 본 씨족을 보호해 주기를 기대했던 것이다.

[5] 옥신인玉神人

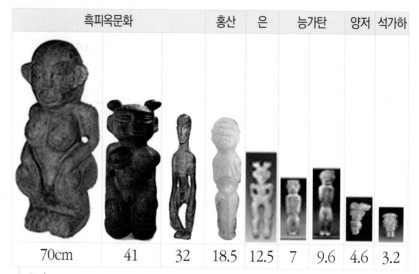

흑피옥문화			홍산	은	능가탄	양저	석가하
70cm	41	32	18.5	12.5	7	9.6	4.6	3.2

옥인
신석기시대 옥문화 옥인상 실물 크기 비교(10:1, 단위cm)

* **중국 주효정**周曉晶 : 옥신인玉神人, 무당巫人.

 "옥인玉人은 무인巫人 조상을 조각한 것이다. 그 묘 주인은 살아있는 무인을 거느리고, 죽은 선조의 무인의 옥 조각을 패용하고, 무인의 영혼에게 신사神事를 진행할 수 있도록 보호와 협조를 기원하는 것이다."

"중국옥학옥문화제4계 학술연토회" 논문, 요녕성박물관 〈紅山文化動物形和人形玉器研究〉 대련대학. 2004.5,18-20.

* **유국상**劉國祥

 "옥인은 두 손을 가슴에 얹고 기도하는 자세를 하고 있으며, 신사神事를 주관하는 무인巫人이다."

물동이 여인과 딸
26cm
졸저 [흑피옥] 154쪽.

* 옥신인玉神人: 남녀양두일체男女兩頭一體

남여양두일체男女兩頭一體
옥신인 20cm [산해경].
[흑피옥] 35쪽

* 옥신인 : 신화, 전설 주인공.

이쇄청李鎖淸 : 황제黃帝(일두사면一頭四面)

"황제는 신화전설 가운데 번개의 신이고, 후일 일어나서 중앙의 황제가 되었다. 그는 네 면의 얼굴을 갖고 있어 동시에 동서남북 사방을 능히 볼 수 있다고 전한다."

[中國歷史未解之謎]12쪽, 광명일보출판사, 2004.1. 중국

* **옥신인 : 중국 공식 보도.**

뇌종운雷從云(중국가박물관연구원) :

世博看国宝红山古玉 세계박람회 국보 홍산 고옥을 보다

世博看国宝红山古玉
CCTV-42010.8.17

석인상
19.4cm
적봉시 파림좌기
巴林左旗 출토.
1980년 수집.

흑석돼지머리 장식黑石猪头饰
3.53cm.
파림우기巴彦汉苏木
那日斯台 출토. 1980년.
파림우기박물관 소장.

□ 옥신인玉神人 : 홍산문화 우하량 출토. 흑피옥문화 인물상.

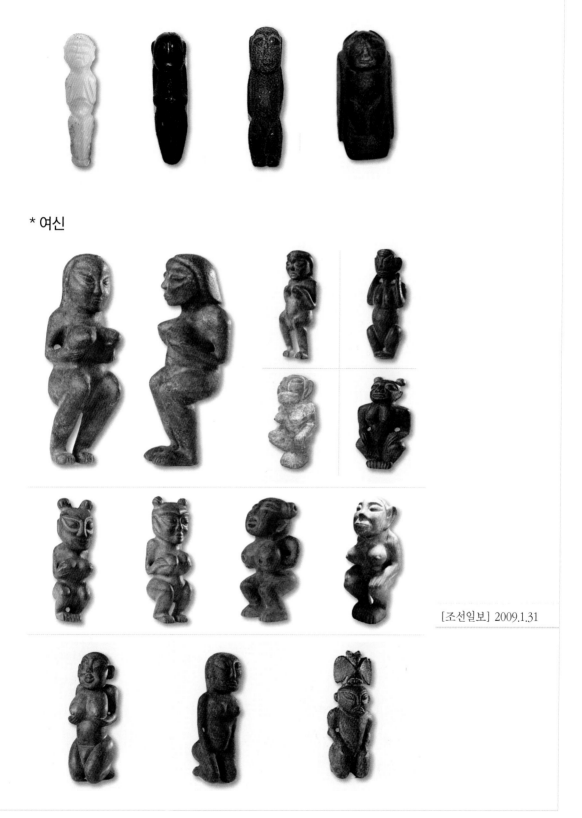

* 여신

[조선일보] 2009.1.31

* 임신한 여신

* 소년, 소녀 신

생각에 잠긴 소녀
앞, 뒤. 41cm

* 남신

* 옥신인 : 관을 쓴 여신

* 옥신인 : 관을 쓴 인물 신

사람얼굴 새
H21.6*13.7 [흑피옥] 166쪽

청(17세기 중엽-19세기 추정) 5.7cm.
스미소니언박물관 프리어 갤러리 소장
FREER SACKLER THE SMITHSONIAN'S MUSEUMS OF ASIAN ART

* 옥신인 : 무당(샤먼)

당(600-1000년) 4.8cm.
스미소니언박물관 프리어 갤러리

당(600-1000년) 5.0cm.
스미소니언박물관 프리어 갤러리

* **스미소니언박물관 프리어 갤러리:** 이 장식구는 아마 샤먼을 나타낸
것으로서, 그는 중간자의 역할과 세상에 거주하는 선악의 힘을 부를
수 있다. 이 장신구는 샤먼이 즐겨 머리장식으로 입었던 것이거나
도가의 성직자가 의례복식의 부품이었을 것이다.

□ **성 숭배** : 성교 숭배

[흑피옥]160쪽

* 성 숭배 : 생식기 숭배

암컷 독수리 생식기
흑피옥문화

[6] 옥예기玉禮器

(1) 구운형 옥패 : 홍산문화 중심지 우하량 제5지점

유옥위장唯玉为葬: 장례제도. 신분질서 사회. 묘제 : 적석총

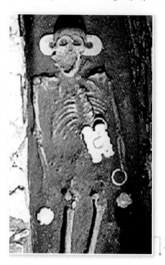

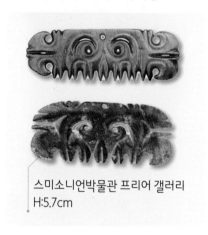

스미소니언박물관 프리어 갤러리
H:5.7cm

우하량牛河梁 제5지점 1호총 중심대묘

* 곽대순 〈홍산문화 구운형옥패 연구红山文化勾云形玉佩研究〉

구운형 옥패 : 신권+왕권 결합 상징.

출토위치 : 오른 쪽 어깨 위. 부월(斧鉞)과 같은 위치 출토.

기능 : 권장과 관련. 구운형 옥패, 부월, 구운형 옥패, 옥구玉龟와 같은 신기神器, 중심 대묘에서만 출토.

* 뢰광진雷广臻 교수 〈홍산문화와 황제문화의 관계〉

[조양일보] 2010. 4. 22.

[좌전] 소공17년 : "옛날 황제씨는 구름을 살폈고, 그래서 운사雲師, 운명雲名", 구름을 기록함으로써, 구름을 써서 분야를 나누어 운용했고, 분류하거나 구름을 사영해서 일련의 사물을 표시했다 운으로 명한 것은 모두 운雲으로 불렀다.

[주역]에 이르기를 "구름은 용으로부터, 바람은 호랑이로부터 왔다", 그 의미는 바로 용은 구름이 변한 것이라는 뜻이다. 만약 이런 설명이 성립한다면, 그 구운형 옥기는 바로 구름과 관련이 있고, 구름과 관련이 있으면 그것은 바로 용과 유관하다는 것이며, 용과 유관하다는 것은

우리들이 말하는 그 옥웅룡과도 유관하다는 것이다. 갑골문, 금문金文 중에 "운雲" 자는 용, 뱀 종류와 같이 발이 없고 몸이 굽은 동물의 형상을 많이 닮았다. 황제씨黃帝氏의 구름 토템과 홍산문화에서의 매우 많은 구름형 옥기, 그것은 이 두 문화 사이에는 관계가 있다는 것이다.

(2) 삼련옥벽(삼공옥벽)

부신 호두구   흑피옥문화

(3) 옥황玉璜 : 옥벽 절반 형태

(4) 옥월 : 권력의 상징

D15 돼지 용 작은 손도끼 H13.3

(5) 옥선기 : 선회형 옥환旋回形 玉環. (천문 기기)

옥선기 : 선회형 옥환. 선기璇矶천문기기. 선기옥형璇璣玉衡 옥기.

玉蟬形出牙环

玉蟬形出牙环. 商. 外径10.5㎝. 孔径3.3㎝. 厚0.4㎝.
环王质较润. 大体为白色. 圆片状. 肉. 好均径. 外沿有三个顺时针方向且等距的
蟬用出旄牙. 此环造型朴拙, 刀法简练. 俗称璇矶式环.

(撰稿人: 赵桂玲)

은(商) 북경 고궁박물원

* [사기] 권1 五帝本紀 제1

於是帝堯老, 命舜攝行天子之政, 以觀天命。舜乃在璿璣玉衡, 以齊七政。

요 임금이 연로하여, 순에게 명하여 천자의 정치를 맡게 하여 천명을 살폈다.

이에 순 임금은 선기 옥형이 있어, 칠정을 다스렸다.

선기璿璣 : 천문 관측 기기, 혼천의.

옥형玉衡 : 북두칠성의 다섯째 별

선기옥형璇璣玉衡 : 혼천의渾天儀

楊家駱주편[新校本史記三家注并附編二種一] 대만 鼎文書局印行.

* [맹자] : 순舜 동이족. 전국시대 (기원전475-기원전221년)

이루하離婁下 :

孟子曰: 舜生於諸馮, 遷於負夏, 卒於鳴條, 東夷之人也.

순 임금은 제풍에서 태어났고, 풍은 하나라에 패해 옮겨가, 명조에서 졸한 동이 사람이다.

[7] 과학 실험

(1) 연대측정 실험 :

서울대 기초과학공동기기연구원. 미국 지오크론연구소.

동일 옥조각상 :
시료 채취 연대측정
의뢰 (한국 · 미국)

* **제1차 탄소연대 측정** : 세계 최초. 14300±60년(SNU07-R131. 2007.12.18)

한국 전남과학대학교 동북아문화연구소 정건재 교수

실험: 한국 서울대학교 기초과학공동기기연구소.

KBC−TV 입회 시료 채취.

* **제2차 탄소연대 측정** : 한국 전남과학대학 동북아문화연구소 정건

재 교수

실험 : 미국 지오크론 연구소(GEOCHRON LABORATORIES).

5150±40년(GX-33119-AMS.2009.7.23)

(2) 표피 성분 분석 : 위작 가능성 낮다.

* **실험 1** : 중국국가지질측시중심 분석보고(2000년6월26일).

의뢰기관 : 지질소

샘플명칭, 고옥껍질(古玉殼). 접수일자 2000년6월6일.

보고일자 200년6월26일

* **실험 2** : 의뢰기관: 백악柏岳

실험보고: 홍산흑피 옥인 원소 성분 분석.

상해박물관 : 흑피옥기 재료 실험(표피와 본체 분리 하지 않은 상태). 미국

TN공사 QuanX형 색산형광 분석.

* 실험 3 : 북경 백악 : 표피와 본체 분리 분석 실험 보고

흑피옥 조각 진위 구별 목적. 흑색 표피 : 인, 크롬, 니켈, 망간, 티타늄, 실리콘, 동 등 35종류 원소 포함.

"흑색 표피 인공으로 제작된 것이 아니고, 수천 년의 장시간에 걸쳐 토양에 매장되어 물리적, 화학적 변화"

* 실험 4 : 서울대 기초과학공동기기원

9개의 흑피옥 유물의 흑피 구성 성분이 일정하지 않은 것으로 보아 이들은 서로 다른 때와 장소에서 서로 완전히 동일하지 않은 재료로 만들어진 물질들이다. 이같은 결론은 이 흑피옥이 근대에 만들어진 위작일 것이라는 주장을 어느 정도 배제시킨다. 왜냐하면 만약 위작이라면 구성 성분이 비슷한 것들이 있을 가능성이 큰데, 각 원소의 조성이 유물마다 서로 다르므로 이들이 위작일 가능성은 그만큼 적어진다.

(3) 공개 박피 실험 :

중국수장가협회, 옥기수장위원회 [中國神祕的黑皮玉雕] 152쪽, 萬國학술출판유한공사. 2009, 북경.

[北京日報] 2010.1.31

* **흑피옥 역시 고옥 진품**黑皮玉也是古玉珍品

옥기수장위원회 주편 [中国神秘的黑皮玉雕]서론 6쪽, 만국학술출판. 2009년.

* **하덕무**夏德武**교수** : 흑피옥문화, 범홍산문화 주장.

흑피옥 조각을 범홍산문화의 범주에 포함시키는 것은 두 방면에서 고려해 볼 때, ①흑피옥문화 옥 조각의 조형상 특징과 내몽고 적봉지구 우하량에서 출토된 홍산문화 옥기와는 수 많은 곳이 닮았을 뿐 아니라, 요하 유역의 같은 조기문화 현상에 속한다는 것이다. ②흑피옥문화 옥

조각은 아직까지 고고학적으로 발굴보고가 없는 상태이고, 이 때문에 이런 문화 현상의 연대와 그 독립적인 문화적 성질을 단정하기 어렵다는 것이다. (처음으로 흑피옥문화가 공개된 것은 백악柏岳선생, 2001년1월 [中国收藏] 37기 잡지).

* 중국측 진일민陳逸民 : 홍산문화=흑피옥문화

특히 국제사회의 주목을 받고 있는 흑피옥문화는 홍산문화의 대표적인 유물인 C자용(옥룡), 옥결, 태양신, 옥조, 구운형 옥패 등 옥기와 외관상 완전히 동일한 형태이고, 다른 점이 있다면 겉으로 드러난 표피 색이 다를 뿐이다. 두 문화의 공통점에 대해 중국의 진일민은 "흑피옥문화와 홍산문화의 공통점으로 옥질, 문양, 독특한 조각기법, 구멍 뚫기 등으로 미루어, 두 문화가 완전 일치한다"고 주장하고 있다.

[홍산옥기수장여감상] 80-82쪽, 상해대학출판사. 2044.4

(4) 현장 발굴 :

내몽고 고고발굴대. 중국 CCTV 현지 촬영.

현장 시험발굴 1, 2차. (2009.9. 2010.6) (진일민[흑피옥풍운록]189쪽)

제1차 비공개 발굴(2009.9. 23-24).오란찰포시 박물관(호효농胡曉農)관장. 화덕현 문화국 〈중극측 상식 밖 흑피옥 재발굴〉

[주간한국] 2009.10.12.

제2차 시험 발굴(2010,6) 오란찰포맹烏蘭察布盟고고대.

제3차 발굴(2014,3) : CCTV 현장 특집 촬영

3 황하 양자강 지역 옥문화

[1] 옥 문화

(1) 중원문화 옥기 : 대부분 옥제 공구, 작은 장식품.

▶ 앙소 문화(7000-5000년 전) : 대부분 옥제 공구, 작은 장식품.

▶ 도사 문화, 묘저구 2기 문화(4000여년 전) : 옥 예기 체계, 중원지구 처음 등장.

▶ 이리두 문화(3700년 전) : 처음으로 중원 국가 소재지, 대옥장大玉璋 (50cm), 대옥도大玉刀(60cm) 등장

* **엽서헌**叶舒宪**(중국사회과학원)** : 홍산문화(8000-5000년전), 규모성 옥 예기 생산 체계 전통 발전. 〈황하수도와옥기시대의제가고국黄河水道与玉器时代的齐家古国〉

[곡옥수장여연토古玉收藏与研讨] 총제13기, 2012.12.

지금으로부터 7000-5000년 전 중원지구에 영향력이 가장 컸던 앙소문화로 하여금 같은 시기이거나 혹은 약간 늦은 중원이외의 문화 즉 홍산문화, 능가탄凌家滩문화와 양저良渚 문화들처럼 규모성 있는 옥 예기 생산의 전통을 발전시킬 수는 없었다. 지금까지 볼 수 있는 앙소문화 옥기는 대부분 옥제 공구이거나 작은 장식품들이었다. 곧바로 지금으로부터 4000여년 전 산서山西 양분襄汾의 도사陶寺 문화, 임분临汾 하륵촌下靳村과 예성芮城 파두촌坡头村 묘저구庙底沟 2기 문화에는 옥벽, 옥종을 대표로 하는 대형 조합성 옥 예기 체계로서, 비로소 처음으로 중원지구에 등장한다. 그 후 더욱 성숙하고 다양한 옥 예기 체계가 중원복판에 지금으로부터 3700년 전, 하남 언사偃師 이리두二里頭 문화 옥기

가 출현했고, 약 50cm 길이의 대옥장大玉璋과 약60cm 길이의 대옥도大
玉刀가 처음으로 중원 국가 소재지에 등장함으로써, 이리두 문화의 중
간 역할을 거쳐서 하상주 삼대의 일맥상통한 옥 예기 전통을 이루어낼
수 있게 하였다.

* 중원지구 : 황하 유역, 최초왕조〈遠古的聲音〉

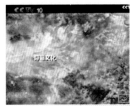 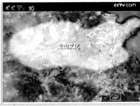 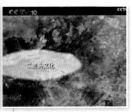

| 앙소문화 | 용산문화 | 이리두문화 |
| (4200년 전) | (4000년 전) | (3800-3500년 전) |

* 앙소 문화 유적(섬서성 보계시宝鷄市 北尾根,長安五樓, 邰儺莘野,銅川市
  李家溝, 臨潼区姜寨, 零口, 垣頭)등지에서도 같은 기호 출토된 것으로
  보아, 하 왕조 시대 중원에 문자가 존재했었다고 추측된다.

* 이백겸李伯謙(북경대학 震旦古代文明연구중심) : 부장 옥기 기본적으
  로 다르다.
  〈中國古代文明演進的兩種模式－紅山,良渚,仰韶大墓場隨葬玉器觀察隨想〉
  앙소문화 廟底溝 유형 묘장의 부장 옥기는, 홍산문화와는 기본적으로
다르고, 또한 양저문화와도 기본적으로 달라, 마치 靈寶 西坡 대묘가 드
러낸 상황과 똑같아, 종류가 매우 단순해서 다만 옥월玉鉞 한 종류에 그
침으로서 근본적으로 조합을 논할 대상도 되지 않는다.
  앙소문화 廟底溝 유형 묘장의 부장 옥기 수량은, 양저문화 대묘와 상
대적으로 비교해 보아도 말할 수 없고, 홍산문화 대묘와도 서로 비교해
보더라도 상대적으로 한 수 뒤쳐진다. 영보 서파 규모와 홍산문화, 양
저문화와 대체적으로 상당하는 묘장에는 다만 옥월이 한 점 있고, M11

가장 많은 것이 3점에 불과하다. 그리고 묘실 규모가 홍산문화와 양저 문화보다 큰 대묘인, M27, M29에는 도기 외에는 전혀 옥기는 없다.

* 주내성朱乃誠 〈紅山文化獸面玦形玉飾研究〉

[고고학보] 2008년 제1 기.중국.

황하 유역 이리두 문화 : 요서 지구 하가점하층문화 삼성타랍 옥룡에 영향 주장.

요서 지구에서 이리두 문화와 연대가 근접한 것은 하가점하층 문화이다. 하가점하층 문화와 이리두 문화는 연대가 비슷할 뿐 아니라 문화상 교류와 영향 관계가 존재하고 있다. 예를 들어 1977년 발굴한 내몽고 오한기 대전자大甸子 하가점하층 문화 묘장에서 출토된 도작陶爵과 이리두 문화 도작이 형태상, 품격상 모두 같은 것은 이리두 문화가 요서 지구 하가점하층 문화에 대한 교류와 영향관계를 설명하고 있다. 삼성타랍 옥룡이 오직 이리두 문화 용 흔적과 동일한 특징이 존재하는 것은 삼성타랍 옥룡이 분포하는 요서 지구 하가점하층 문화가 또 이리두 문화의 영향을 받았다는 것으로, 그것은 삼성타랍 옥룡은 당연히 이리두 문화의 영향 아래서 태어났다고 추측할 수 있다는 것이다. 삼성타랍 옥룡의 연대는 자연히 응당 이리두 문화와 근접하고 또 역시 하가점하층문화와 상응한다.

(2) 산동반도 대문구大汶口문화(6300-4500년전): 옥종, 옥선기.

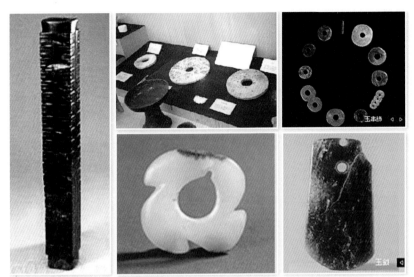

옥종 49.7cm.
중국국가박물관

* 도사문화(4600-4000년 전) 옥벽 : 황하 중류.

주서편호朱書片壺 문자발견(왕권 발생).〈玉石传奇〉제2집, 巫神之玉

중국문물학회 옥기연구위원회 고방古方: 4천년 전 玉石之路 형성 주

[CCTV-9] 2011.1.8

장.

왕권발생 : 도사陶寺문화. 중원지역 대표 산서성

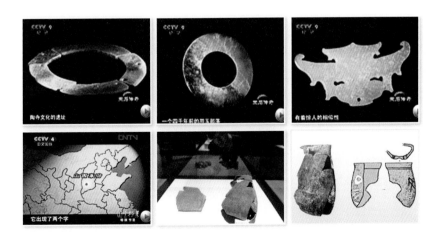

* **도사**陶寺 **문화**(황하중류) : 왕권 발생. 중원지역 처음 옥 예기 체계 등장.

2010.8.3. 인민망. http://pic.people.com. cn/ 원문[경화시보京华时报]

사회과학원 고고연구소 堯舜 시대 수도 발견 발표, 각계 질의⑵

도사문화 중기 극성기에 달하다. 2002년 출토된 1기의 도사 중기 대묘 길이 5m, 넓이 3.7m, 깊이 8.4m로 같은 시기 황하 중하류 지구에서 필적할 만한 묘장이 없을 정도이다. 출토된 부장품 또한 경탄할 만하고, 묘 주인 유해 정면 앞 벽에 돼지 아래 턱뼈를 새겨 놓았고, 양측에는 옥월 6점, 묘에서 출토된 옥월은 총 9점이었다. 하노何努는 돼지의 아래 턱뼈는 재부를, 월은 왕권과 병권을 상징한 것이라고 소개한다. 현재의 고고 발굴 가운데는 위와 같은 두 종류가 결합된 방식으로 출토된 적은 없었다.

* **이백겸**李伯謙**교수 (북경대학 震旦古代文明연구중심)**

〈中國古代文明演進的兩種模式－紅山,良渚,仰韶大墓場隨葬玉器觀察隨想〉

산서 양분 도사 유적지의 발굴은 지금으로부터 4300년 전에서 4000년 전에 이르는 시기에 면적이 280만m²의 성터, 대형 궁전 기초, 관상대 기지, 6점의 옥월玉鉞 부장품 및 수많은 채회 도기 예기의 대묘가 한 가지 내용이 풍부한 초급문명 국가가 일어난 것을 나타내고 있으며, 학자들이 고대문헌 관련 기재들을 종합, 이것이 바로 요堯의 도성 평양平陽의 소재라고 인식하게 되는 경향이다.

총제13기, 2012,12.

* **엽서헌**叶舒宪〈黃河水道与玉器时齐家古国〉[古玉收藏与研讨]

고고 발견은 서쪽으로 가면 갈수록 종의 출현 시기가 더욱 늦어진다는 것을 나타낸다. 화현재리의 두 가지 탄소14 수치의 고도로 정확한 교정연대는 각각 기원전 2335년-2044년과 기원전 2011년-1794년으로, 이로부터 해당 유적지 벽, 종의 시대는 도사 만기에 해당된다. 임동臨潼 강가康家 유적지 출토 옥벽도 대체적으로 같은 시기이다.

* 제가齊家문화(서융西戎 문화 4400-3900년 전) : 황하 상류.

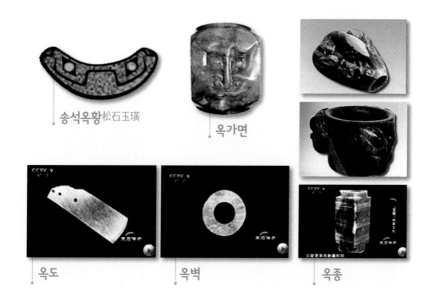

송석옥황松石玉璜 옥가면

옥도 옥벽 옥종

* **황하 상류 제가**齊家**문화** : 서융西戎 문화(4400-3900년 전)

신석기 시대 말기-청동기 시대 동석銅石병용 시대 초기 문화.

제가평齊家坪 : 감숙성甘肅省 광하현広河県 제가평斉家坪

도기 발달. 청동기 초기 홍동, 청동기 소형 유물.

부계사회 : 남자 사회 통치 지위. 여성 종속 지위. 일부일처. 일부다처.

정미한 옥기 출토 30종 이상

예기 류 : 종琮, 벽璧, 환环, 황璜, 월鉞, 도刀, 장璋 등. 병기류. 장식류.

옥 재료 : 감숙, 청해 : 신강 화전옥和田玉 7:3.

* **엽서헌**叶舒宪 : 선사 시대 옥 예기 및 그 가공기술은 동으로부터 서로
  전해졌다.

2005-2009년 동안, 나는 전후 5회에 걸쳐, 화하華夏 문명의 근원을
찾는 학술문제에 심취해서 감숙甘肅 대지를 답사했고, 2008년 옥 문화
의 유사성으로부터 4000년전의 제가齊家 古國과 중원문명 간의 상호관

〈黃河水道与玉器时齐
家古国〉[古玉收藏与研
讨] 총제13기, 2012.12.

계에 대한 설명을 시도한 작은 책 한권[하서 회랑: 서부신화와 화하원류河西走廊:西部神话与华夏源流]을 발표했다.

　당시, 하서 회랑 일대를 거쳐 중원으로 전파 수송된 물질문화의 요소, 즉 소맥, 황금, 말, 마차 등에만 관심을 기울였던 관계로, 제가 옥기 기원의 외래 영향 요인에 대한 평가는 부족했다. 현재 학계의 견해는, 제가문화의 전신인 마가요馬家窯 문화에는 옥 예기를 생산하는 전통이 전혀 없었기 때문에, 틀림없이 중원의 용산문화의 영향을 받아서, 비로소 제가 옥기의 규모적인 생산과 사용하는 현상이 있었다는 입장이다. 홍콩 중문대학 등총邓聪교수는 선사시대 옥 재료의 절단 기술에 대한 분석을 근거로 절단 기술은 산동의 대문구문화로부터 생겨나, 중원 용산문화와 섬서陝西 북쪽의 석묘石峁문화를 거쳐, 점진적으로 서북의 제가문화로 전파되었다. 바꾸어 말하면, 선사 시대 옥 예기 및 그 가공기술은 동으로부터 서로 전해졌다.

(3) 은 : 옥 유물

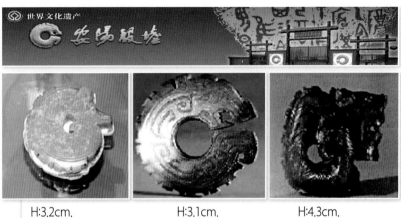

H:3.2cm.   H:3.1cm.   H:4.3cm.
스미소니언박물관 프리어 갤러리

* 은허 출토 : 옥 동물

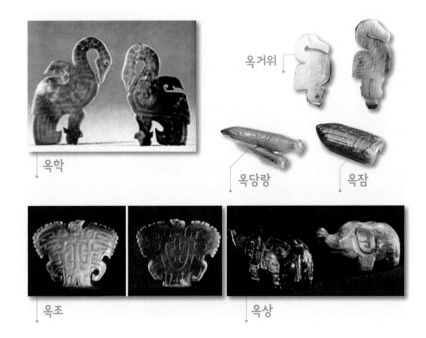

옥거위

옥학

옥당랑   옥잠

옥조   옥상

* 옥봉(은허 박물관). 옥마. 옥웅,옥호(중국 국가박물관).

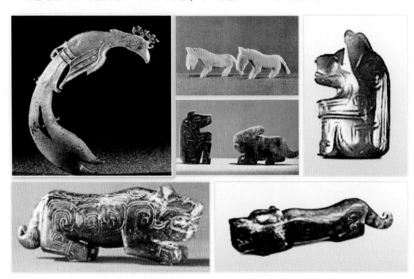

* 음양옥인 : 은 부호묘 출토(중국국가박물관).

12.5cm 은 후기 기원전14세기-기원전11세기, 1976년,
은 武丁 부호묘 출토. [중국국가박물관]

* 은 부호묘 : 홍산문화 옥구형기 출토.

내몽고 파림우기 출토
2.5x7cm.
중국[廣州日報]
2009.11.16
내몽고 파림우기문물관

* 진일민 교수

옥구형기
부호묘 출토
홍산문화 옥구형기, 70쪽.

20세기 70년대, 하남 안양河南 安陽에서 상대商代 부호묘婦好墓를 발굴했다. 婦好는 상 武丁왕의 부인으로, 그 묘로부터 대량의 청동기, 도기, 옥기가 출토되었다. 옥기 가운데 몇 점의 옥구형기는 가공이 정밀해서, 당시에는 묘에서 출토된 다른 옥기와 함께 상대의 옥기로 간주되어 특별한 주목을 받지 못했다. 곧 바로 80년대가 되어 홍산문화 옥구형기가 출토되자, 사람들은 부호묘에서 나온 옥구형기가 원래는 홍산문화의 유물이었다는 것을 비로소 깨닫게 되었다. 또한 이것은 상대의 왕공 귀족들은 이미 홍산문화의 옥기를 소장하기 시작했다. 이들 옥기들이 홍산문화 시기로부터 상대에 전해지기까지는 이천여 년은 충분히 전해내려 왔다는 것이다.

[홍산옥기]15쪽, 70쪽, 상해대학출판사, 2004.1.

* 은－주 왕조 교체 : 보옥(1만4천), 패옥(1억8만) [일주서逸周書－세부 해世俘解]

상왕 주紂가 교외, 시는 갑자일 저녁, 상왕 주가 천지옥담天智玉琰 五를 몸에 두껍게 두르고 스스로 불에 타 죽었다. 대개 백성들이 고하기를 옥 사천이 불에 탔고, 오일, 무왕이 포로 천명, 사천의 서옥을 구했으며 바로 불에 탄 천지옥, 五가 불 가운데서 타지 않았다. 무릇 천지옥은 무왕이 곧 보물과 같이 여겼다. 대개 무왕이 상의 보옥 14000, 패옥 1억8만을 획득했다.

* 규圭 : 은

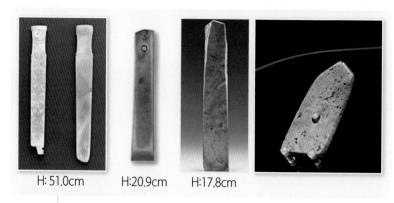

H: 51.0cm   H:20.9cm   H:17.8cm

스미소니언박물관 프리어 갤러리

* 옥선기 : 은(북경 고궁박물원. 하남성 鄭州박물관).

전국 시대 이후 묘장 출토 없음

선기璇璣, 일설 천문 의기儀器, 일설 아벽牙璧.

"선기璇璣" 두 글자, [상서 · 순전舜典] . "선기 옥형으로 살펴서, 정사를 다스렸다"

서한西漢 공안국孔安國 해석:

"在, 察也, 璇, 美玉也, 璣衡, 王者正天文之器, 可運轉者."

"재, 살피는 것이다. 선은 미옥이다. 기형은, 왕이 천문을 다스리는 기물로, 운전할 수 있는 것이었다."

옥 선기 출토 유적지를 연대순으로 보면, 5000년 전, 산동 동부에서 출현했고, 4000년 전 용산문화 시기 옥 선기는 발해만을 건너, 요령 동부 연안에 상륙했다. 오래지 않아, 산동으로부터 서쪽으로 하남河南, 섬서陝

西로 진출했다. 상주 시대에, 중원에서 남북으로 퍼져 하북河北, 호북 등

지로 전해졌다. 전국시대 이후 묘장에서는 옥 선기의 출토를 볼 수 없다.

(4) 양자강 유역 문화 : 옥기

능가탄문화(5300-5600년전) :

능가탄문화 화하제일룡.

옥인물상 : 능가탄문화 〈실락한 천서〉 상편, 발견의 길 [CCTV-9]

2011. 2. 23.

옥인玉人 6점 출토.
중국인 면모 일맥상통.
인종, 문화 5000년 동안
중화문명 불변

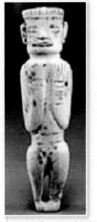

몽고인종 특징 편형

옥룡 출토
중국 용문화 고향 채봉서蔡鳳書
[국보발굴기] 22쪽, 齊魯書社,2004,10
능가탄 16호묘 출토. 4.2cm.

* **장경국**張敬国 : 삼종 점복 옥기 : 옥구 + 옥잠 + 옥편.

　능가탄유적지 : 안휘성 함산현 동갑진 장강촌 능가탄촌 민조.

　홍산문화와 동일 시대. 절강 양저문화 보다 빠름.

〈능가탄凌家滩옥기-중국문명의서광〉[고옥수장여연토古玉收藏与研讨] 총제3기 2010.4. www.gyyjy.com

[문물감정과 감상] 2011
년 6월호

* 허홍명许洪明〈古玉铭文与有铭玉器〉

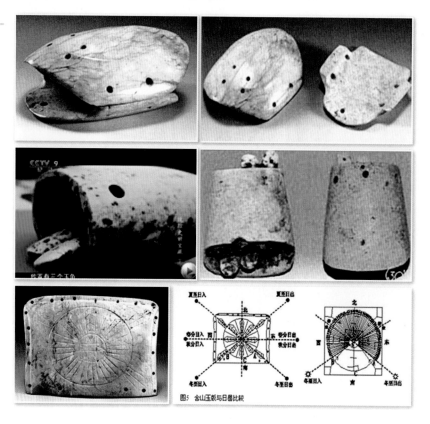

〈함산옥판상의천문기준
선含山玉版上的天文准
线〉[동남문화] 2006년
제2기

* 무가벽武家璧(중국과학원자연과학사연구소) :

　함산옥판여일귀비교含山玉版与日晷比较, 동지, 하지 파악

* 갑골문 冬(=종)자형 옥 장식 : 능가탄 문화

투섬석 옥

갑골문
冬(=종)자

* 옥응 능가탄 문화 : 멕시코 마야문명 수면문 옥패—흑피옥문화 쌍룡
옥종.

* 장경국張敬国 교수(안휘성 문물고고연구소)

〈능가탄 오천년의 세월을 보낸 지하박물관〉

능가탄에서 출토된 옥응玉鷹은 얼굴을 옆으로 향하고, 지금이라도 비상할 것 같이 날개를 펼치고, 부리는 갈쿠리 같고, 구멍으로 표현된 눈이 눈에 띤다.

용감한 독수리는 용기와 힘의 상징이지만, 한 전문가의 고증에 의하면, 이 독수리는 아마도 능가탄 선주민이었던 소호少昊 일족의 문장이라고 한다. 또 다른 전문가는 옥응과 제사와의 관계를 주목하고, 옥응의 몸체의 중심부에 새겨진 원과 바깥쪽의 팔각문이 태양과 태양광선을 나타내고, 독수리 양쪽 날개 끝에 조각된 돼지 머리는 공물로서, 이것은 독수리가 공물을 지고 하늘로 날아가, 천신에 바친다는 의미와 서민들의 천신에 대한 기원이 들어있다고 보인다. 여하튼 옥응은 부락의 상징이고, 태양과 새와 돼지에 대한 숭배를 나타내는 것으로, 중화민족이 아주 먼 옛날 처음으로 조류와 포유류를 결합시킨 토템의 상징이라고 할 수 있다.

[인민중국人民中国인터넷판版] 2010,8. http://www.peoplechina.com.cn/

* 張敬國(능가탄 발굴 책임자) : 옥월玉铖(5300-5500년전), 군사권 장악.

능가탄 23호묘 출토 현장 华夏经纬网 07.6.27.(원문[江淮晨])

묘 주인, 지위가 높은 무당. 대량 옥월 출토, 군권 장악 표현.

일인 군권, 신권, 정권 독점한 부락 수령. 옥구, 옥판, 옥종, 옥월 무당 특수 옥기.

양저문화

* 장위동蔣衛東(양저박물원 원장) :

옥벽 : 제단 + 비조 유무. 옥종+옥월 동시 소유자 : 양저 부락(신권+왕권)장악.

신권 무당→지고무상 왕자.

* 유빈劉斌(浙江省 문물고고연구소) : 부락 신권 장악 무당.

* 모영항牟永抗(浙江省문물고고연구소) :

무당(신권) 옥기 제작 전 과정 장악 (발견+제조+소유)

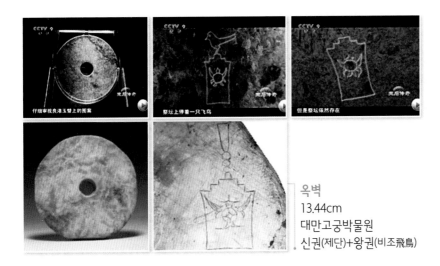

옥벽
13.44cm
대만고궁박물원
신권(제단)+왕권(비조飛鳥)

* **옥월** : 양저 문화. 왕권의 상징(중국국가박물관).

　옥월 상단 부분 무당 神人獸面紋. 하단부분 비조飛鳥

　왕명달王明達(절강성 문물고고연구소) : 지휘권, 군권, 생사여탈권 상징.

한 개 묘, 한 점 출토.

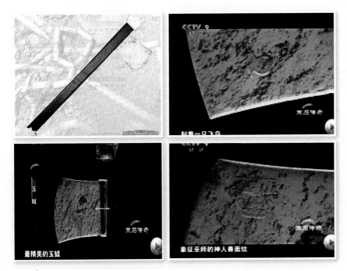

　1987년 절강성 여항현 요산瑤山 8호묘 출토 길이 16.3cm.

　옥월을 사용할 때는, 월을 나무 몸체에 묶어서 사용했다. 발굴 당시
썩은 나무 손잡이 흔적이 발견되었고, 손잡이 길이는 80cm 손잡이 상
단에는 월 관식 장식, 손잡이 하단에는 옥월의 장식이 있었다. 요산 8호

묘 주인은 군권을 장악한 특수한 인물이었다.

* **석가하**石家河**문화(4500-4000년전) : 옥인상.**

중국 호북성 양자강 중류 지역 4500-4000년 전. 후기 신석기 문화.

같은 지역 굴가령屈家嶺 문화 계승. 환호취락에서 발달한 대규모 성곽 도시, 원시적인 도성(굴가령문화와 차이).

석가하 문화 옥기 : 성인 옹관에서 발견. 특수한 원시 종교 신앙.

석가하 유적지에서 많은 옥 호랑이 머리玉虎頭가 발견 되었다. 이것은 석가하 선주민들이 호랑이를 숭배하는 풍속이 있었다는 것을 말한다.

옥인수복합패玉人兽复合佩 | 옥면인두상玉面人頭像
8.2cm

(5) 사천 지역 : 고촉古蜀문화.

옥기 : 삼성퇴三星堆. 금사金沙 인물관련 옥기

金沙 址玉器
<국보당안国宝档案>
[CCTV-4]2011,11,19.

옥가면
옥인물상(14.5cm).

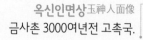

옥신인면상玉神人面像
금사촌 3000여년전 고촉국.

* 옥장玉璋 : 고촉 문화 : 삼성퇴박물관 http://www.sxd.cn/

   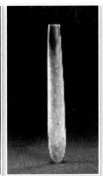

옥착玉凿

   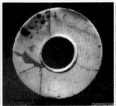

옥과玉戈　　옥부玉斧　　옥검　　옥척형벽　　옥벽
　　　　　　　　　　　　　　玉戚形璧

* **고촉문화** : 삼성퇴 옥석기 입인立人 175cm 발견. 수십 종 반인반수.

三星堆玉器收藏家张思勇:为国藏宝007,6,3 新华社 오광생吴广生 기자 :

　　장사용张思勇이 소장중인 삼성퇴 옥석기 입인을 책상 위에 올려 놓았다. 이 옥 입인과 삼성퇴 박물관에 있는 국보 청동기 입인은 크기도 같고, 조형도 완전히 똑같았다. 다른 것이 있다면 삼성퇴 청동 입인은 두 손으로 쥐고 있는 실물이 없지만, 장사용의 옥 입인은 수중에 한 점의 독수리 머리 鷹頭 권장을 쥐고 있다는 것이다.

　　장사용이 소장하고 있는 삼성퇴 옥석기 입인 가운데 가장 큰 것은 1.75m, 무게 150kg, 신상에 뱀, 새, 호랑이 무늬가 주를 이루고, 손안에 역시 독수리 머리 권장을 갖고, 신비하고 엄숙한 형상이다. 또 다른 옥석기 입인은 투섬석으로 만들어져, 조각 전체가 별록색으로 매우 아름답다. 업계의 말에 의하면, 현대인이 이런 완성품을 만들려고 한다면,

적어도 수 톤의 옥 원석재료가 필요하며, 현재 사용중인 투섬석으로 된 크고 작은 사발조차도 구하기 어렵다고 했다. 장사용 개인이 소장중인 삼성퇴 옥기는 이미 수백 점에 달하고, 대부분 예기, 인물, 동물, 신물, 명문 문자부호 의 다섯 가지 종류로, 이미 초기의 규모화, 계열화를 형성한 것이다. 그 가운데 그가 소장한 동물류 삼성퇴 옥석기는 특히 다채롭고 풍부하다. 대형은 코끼리, 호랑이, 코뿔소, 양자각 악어 중간 형은 원숭이, 소, 말, 양 소형은 지네, 호랑나비, 매미, 개미---허다한 동물들이 인격화 되었고, 또 각양각색의 호신인면虎身人面, 사신인면蛇身人面, 조신인면鸟身人面, , 어신인면鱼身人面, , 마신인면马身人面, , 심지어는 여치신인면蝈蝈身人面, , 전갈신인면蝎子身人面, 천산갑인면穿山甲人面 등 수십종으로 가히 세계 유일무일한 "옥석 동물원"이라고 할 수 있다.

* **요종희**饶宗颐(1998) : 우리들이 보았던 문자로부터 보면, 삼성퇴 고촉문자는 소위 "문자화Picture writing"의 단계로, 이 단계는 그림(상형) 위주로, 우리들은 옥기 표면에서 사슴도형, 배 도형, 물 도형 등을 볼 수 있으며, 오랜 시간 지난 뒤, 비로소 단일 문자로 변화, 발전한 것이다(옥판 표면, 옥 입인 표면 등). 마지막으로 단일 문자는 복합형 문자(옥미인물고기, 옥 십이지신상, 옥판 표면 등)로 변했고, 이런 변화 과정 중에는 적어도 수천 심지어 수만년의 시간이 필요했으며, 이것은 당시 고촉국 사람들에게 연연세세 누적된 것이다.

* 이학근李学勤〈문자기원연구와고대문명〉 [중국서법] 2001년제2기.
어떤 한 관점에 대해, 나는 다른 장소에서 여러 차례 말한 적이 있고, 이번에 다시 언급하기로 한다. 이것은 오직 은주 문자와 같이 한자의 전신만이 있다고 하는 중국 역내의 고문자를 인정할 수 없다. 사천 및 그 부근에서 발견된 파촉巴蜀 문자는 결코 한자가 아니다. 선사시대 문화의 부호와 원시문자에 있어서는, 한자 및 한자의 전신과 관계가 없

고, 더욱 증명이 필요하다. 몇 년 전 나는 양저문화 도기, 옥기 상의 일
종의 운편형이나 화염형 부호는 아마도 한자의 기원과 직접 관계가 없
다고 발표했었다.

* 금사 유적지 : 곤충문양 옥기. 현미경 식별

〈국보당안国宝档案〉
[CCTV-4] 2011.11.19.

수면문 옥월獸面紋 玉鉞
지고무상 군사권력 상징. 국가 보물

제 2 장

옥 토템 사회

1 옥 토템

[1] 옥 토템

* 오제중 교수 : 토템 형상의 발전 〈고대중국신화도등형상연변초탐〉

자연물, 동물 숭배 → 원시 토템 탄생 → 반인반수半人牛獸 → 인간신人間神

[중국인문과학] 제23집, 2001.12.

헤겔은 인수人首는 정신을 상징, 수신獸身은 물질을 상징하고, 반인반수의 의미는 정신이 물질을 깨뜨리는 것이라고 파악했다. 이것은 인간이 인간과 짐승의 조합체의 중심, 영혼을 나타낸 것이다.(중략) 신의 발전 과정에서 가장 일찍 출현할 가능성은 동물신(이 가운데는 단일 동물신 및 복합 동물신, 원시토템 신도 포함), 이어서 반인반수의 신으로 연결되었고, 후일 인신人神 동형의 신(이것 또 두 계단, 여신과 남신의 두 계단으로 나누어 짐).

* 정재서 : 인면조, 반인반수(자연으로부터 미분화된 인간 개념의 소산).

* 진일민 : 우수인신牛首人身(태양신) 인신우제人身牛蹄 [흑피옥풍운록] 151쪽.

[민간문학논단民間文學論壇] 1987년제2기(총25) 23-25쪽.

* 이경강李景江: 반인반수신 [산해경] 62/86, 70%차지. 〈試論圖騰神與半人牛獸神〉. [山海經]가운데 86위 반인반수신을 분석한 결과, 돼지, 말, 소, 양, 개, 닭의 일부분과 사람의 일부분이 결합한 26위 신 30%, 야생동물의 일부분과 사람의 일부분이 합쳐진 62위 신 70%를 차지했다. 그리고 인면인두 64위 74%, 조두鳥頭, 용두龍頭, 수두獸頭 5위 7%를 각각 차지했다.

자연 숭배

해, 달 - 옥벽. 구름 - 구운형 옥패. 무지개 - 옥황. 별 - 팔각성형 옥기.

해·달·별

구름

갑골문 아我

무지개

갑골문
무지개 홍虹

동물 토템

* 뱀 토템(인수사신人首蛇身) : 해의 신, 달의 신(중국복희, 여와)

흑피옥 · 홍산문화 · 반인반수

갑골문
용龍

산해경

고구려 고분벽화

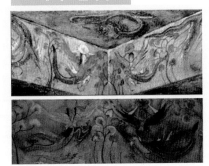

* 소 토템(우수인신牛首人身) : 고구려고분벽화 신농염제

흑피옥·홍산문화·반인반수

고구려·고분벽화

 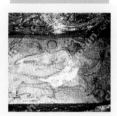

* 새 토템(인면조신人面鳥身) : 고구려고분벽화 인면조

흑피옥·홍산문화·반인반수

산해경

고구려·고분벽화

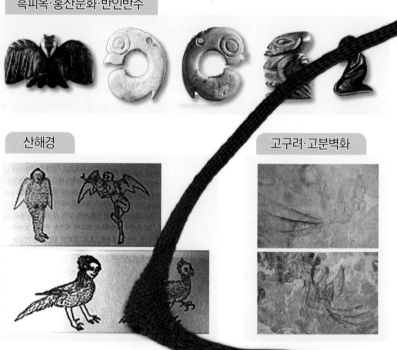

조상 숭배(옥신인玉神人)

인물상

성교상

생식기

한민족 옥 문화

* 옥결(곡옥) : 모자곡옥, 금모곡옥.

옥결

곡옥

모자곡옥

금모곡옥

* 규圭(=홀)(고조선－고구려－조선－일본열도－멕시코).

고구려 안악 고분벽화 / 규(=홀) 주실, 문하배 / 조선 영친왕	일본 / 멕시코 갑골문 명문 / 옥규

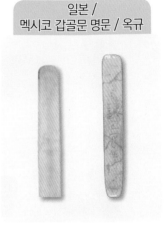

(1) 자연 숭배

* **해, 달 : 옥벽.**

　홍산문화－양저문화－도사문화

* **구름 : 구운형 옥패.**

　구운형 옥패－[좌전] 운사雲師－갑골문자 我 기원

* 무지개 : 옥황.

쌍룡옥황玉璜 길이 4.1cm.
홍산문화 동산취東山嘴 출토

갑골문 무지개 홍"虹"
용 머리 밖으로 향함.

동산취 출토 옥황玉璜과 완전 동일

* 별 : 팔각성형八角星形 옥기(벽옥다두기碧玉多頭器). 권력의 상징.
홍산문화(5500-5000년 전), 가장 중요한 예기礼器.

[오한문물정화]벽옥다두기(예기) 직경 11cm. 오한기박물관

(2) 동물 토템

* 옥동물 : 옥문화별(뱀, 새, 곰, 돼지, 소, 양, 거북, 호랑이, 물고기, 곤
충 등)

흑피옥

능가탄

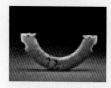

양저

제가   고촉

뱀 토템

해신, 달신. 고구려 고분 벽화 – 산해경 – 범홍산문화 옥기

흑피옥·홍산문화·반인반수

산해경	고구려 고분벽화
 	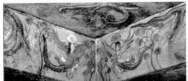 

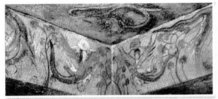
복희 여와도

옥룡

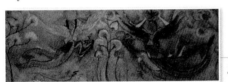
고구려 오회분 4, 5호묘

* 복희룡(인면사신). 복희형상.

　진일민[홍산옥기도감] 176쪽, 상해문화출판사, 2006.2

* 하성량何星亮(중국사회과학원민족학,인류학 연구원):

　중국에서 용 문화는 크게 4 단계 발전과정을 거쳤다 : 토템 숭배 단계, 용신 숭배와 제왕 숭배 결합 단계, 인도 용 숭배와 중국 용 숭배 결합단계. 토템 숭배 단계에는, 중국 상고시대 어떤 부락은 용을 토템으로 숭배하고, 자기 부락의 조상과 표지로 삼았다. 역사문헌 자료와 관련 전설에 근거하자면, 용(원형은 뱀)은 원래 복희伏羲 씨족의 토템이었고, 후일 태호太暤부락의 토템이 되었고, 태호太暤부락은 용 토템 숭배의 가장 중요한 기원지 가운데 한 곳이다.

<중국 용문화의 인문 정신>[인민일보] 2012.2.24

* 중국 북경 고궁박물원 : 부족 토템. 홍산문화 초기 씨족예술 대표작.

【玉器】

点击图像可放大

大玉龙

大玉龙，曲长60cm，直径2.2-2.4cm。新石器时代红山文化。

其玉料为淡绿色岫岩玉。龙体较粗大，卷曲，呈倒"C"形，长吻微翘起，有圆鼻孔二，双目做梭形凸起，头顶至颈背有长鬣后披，末端翘起，颊及颌下有阴刻菱形网纹。龙躯光素扁圆，背部有一钻孔，可系绳穿挂。

此玉龙因其吻前伸，前端凸且翘，因此又有人称之为玉猪龙。这是早期氏族艺术的代表作，属红山文化。其造型夸张、奇特，兼具写实与抽象手法，结构曲简洁，却清盈着生命力，质朴而粗犷，可能是某部族的图腾。

(撰稿人：杨捷)

* 이형구 교수 〈한문화의 뿌리〉

[경향신문]1989.2.3.

漢族의 龍토템은 渤海연안서 비롯됐다

韓文化의 뿌리

南北韓·滿洲 문화재답사

세계最古玉龍 中原아닌 西遼河서 발굴

長城동쪽의 文明

李亨求 〈漢文研교수·고고학〉

滿洲·한반도·日本에선 「굽은玉」으로 變形돼 유행

* 중국 朱乃誠(중국사회과학원고고연구소) :

삼성타랍 옥룡은 홍산문화 아니고, 하가점하층문화(4000년전-3500년전).

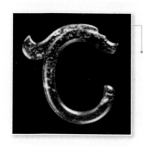

옹우특기 삼성타랍 수집
1971.8. 중국국가박물관.

동괴방구東拐棒溝 출토 주장
옹우특기박물관

홍산문화 수면결형 옥식의 연구가 진행됨에 따라 삼성타랍 옥룡과 홍산문화 수면결형 옥식과는 결코 직접적인 관계가 없다는 것이 밝혀졌다. 삼성타랍 옥룡은 홍산문화 옥기가 아니라, 그 연대는 아마 하가점하층문화 시기이다.

〈紅山文化獸面玦形玉飾研究〉[고고학보] 2008년 제1기.

1. 삼성타랍 옥룡과 홍산문화 수면결형 옥식은 직접적인 변화관계가 없다.(중략)

2. 삼성타랍 옥룡은 홍산문화 옥기가 아니다.

* 옥룡 : C자용.

흑피옥문화 48cm   홍산문화 28cm

공서탁龔書鐸 유덕린劉
德麟[전설시대-하-상-
서주] 22쪽, 길림출판공
사, 2006.6

* 인면사신人面蛇神 :

남당(南唐:오대십국시대) 첫 번째 황제 이변李昪(888-943) 능.

복희 여와도
해; 삼족오. 달; 두꺼비, 토끼

인수사신용人首蛇身俑.
<國寶檔案> [CCTV-4] 2011.9.5.

* 흑피옥문화 : [산해경] 해외북경海外北經 우강禺強

진일민[흑피옥풍운록]
159쪽, 상해대학출판사,
2011.5

"北方禺強 人面鳥身,珥 兩靑蛇. 踐兩靑蛇."

"우강"의 형상을 매우 닮았다. [산해경] 해외북경에 이르기를 "북방 우강, 사람 얼굴, 새 몸, 귀에 두 마리 청사, 청사 두 마리를 밟고 있다." 백화로 말하자면 "북방 우강, 사람 얼굴, 새 몸, 귀에 두 마리 청사를 걸고 있고, 발로는 두 마리 청사를 밟고 있다."라는 뜻이다. 우강禺強은 중국 고문헌 가운데 가끔 우강禺疆이라고 불려지고, 그에 관한 전설은 매우 많다. 일설에 그는 해신海神으로 북해를 통치하고, 그의 형상도 물고기를 닮은 몸체로 빚어지지만, 사람의 수족이 있고, 두 머리 용을 타고 있어서 우강도風神으로 칭해지고, 설문해자에 의하면 "玄冥"이고, 전욱顓頊의 대신으로, 사람 얼굴, 새 몸 형상이고, 두 귀에 각각 한 마리 청사를 걸고, 발로는 두 마리 청사를 밟고 있으며 북방을 지배한다.

우강禺強: [산해경]海外北經 "北方禺強 人面鳥身,珥 兩靑蛇. 踐兩靑蛇."

* 사해 선주민 토템 : 뱀 토템 씨족 + 두꺼비 토템 씨족 = 부락 구성.

<중국 최초 뱀 문물
8000년 전> [대련일보]
2013.2.21

20세기 80년대 부신 사해 유적지에서 8000년 전, 뱀이 두꺼비를 물고 있는 문양의 통형 도관이 발견되었다. 이것은 지금까지 발견된 것 중 가장 빠른 뱀의 도상이다. 이 유물은 이미 원시 예술 작품이고 또한 토템 숭배 작품이다. 이 도관은 마치 사해 취락이 두꺼비와 뱀의 두 씨족으로 구성된 부락인 것을 표현하고 있는 것 같고, 사해 선주민은 이미 두꺼비의 이러한 매우 강력한 번식 능력을 기대했으며, 또 이러한 뱀과 같은 강력한 위력을 갖춘 동물이 본 씨족을 보호해 주기를 기대했던 것이다.

곰 토템

* 곰 소조 곰발, 이빨 : 조양시 우하량 제16지점 4호묘).

유국상 교수 : 삼종옥기(5000년전). 王者 身分 출현.

묘주인 신분 무당 삼종옥기 = 玉人(18.5cm) + 고형기箍形器+옥봉玉鳳

* 곰관 옥조신상 : 영국 켐브리지대학 피츠윌리엄박물관.

서림徐琳 〈三尊"红山玉人"像解析〉

우하량 16지점 출토 옥인. 故宮 옥좌인상玉坐人像.

옥곰 : 켐브리지대학박물관소장 옥조신상, 옥조신상 정수리 부분.

[수장가] 2010년 제4기
(원문:[중국사회과학보])

* **옥웅룡** : 유옥위장. 우하량 제2지점1호총 4호묘(5500-7500년전) 적
　석총.

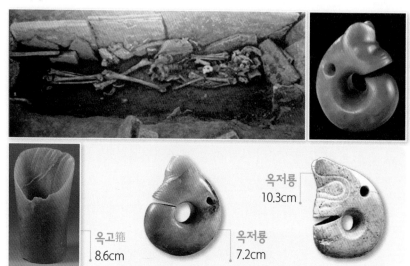

* **유국상(중국사회과학원)** : 홍산문화 옥저룡=C형옥(옥룡)

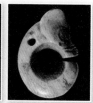

파림우기 나사태 출토
파림좌기박물관 소장

파림좌기 첨산자 출토

* **옥웅룡** : 삼연벽(삼공옥기)

수수삼공기獸首三孔器

쌍웅수삼공옥기雙熊首三孔玉器
부분확대

적봉시
파림우기
나사태那斯台
출토

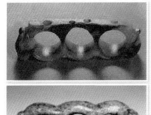
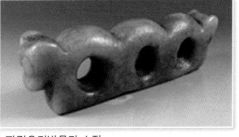
파림우기박물관 소장

* 우실하

〈홍산문화 옥저룡(옥저룡), 쌍수황형기(쌍수황형기), 쌍수수삼공옥기(쌍
수수삼공옥기)의 상징적 의미와 '환일幻日Sundog' 현상〉

[동아시아고대학]
제24집, 2011.4.
동아시아고대학회.

* **옥웅룡** : 이중 조각(매미, 동물, 옥종 등 결합)

商湘濤[中國古玉鑒藏]
20쪽, 상해문화출판사,
2006.8

발달린 용과 매미
H23

새와 돼지용
[흑피옥] 101쪽

매미옥저룡
황옥. 16.5cm

* **곰 토템** : 반인반수(熊首人身, 虎首人身), 후한 무씨사당 화상석.

武氏祠堂 : 2100년전 147년 塼築 사당. 산동성 가상嘉祥현 紫雲山.

곰의 형상을 한 인물은 머리와 손발에 고대의 병장기들을 쥐고 힘 있고 역동적인 자태를 취하고 있으며 범의 형상을 한 인물은 입으로 어린 아이를 끄집어내는 모습을 나타내고 있다.

* **서림**徐琳 〈三尊"红山玉人"像解析〉

[수장가]2010년제4기
(원문:[중국사회과학보]).
[고궁박물관]해설
2012.8.

곰관 옥조신상 : 영국 켐브리지대학 피츠윌리엄박물관.

곰은 홍산 사회에서 매우 중요한 지위를 차지하고 있으며, 홍산문화 2호와 4호 적석총 묘지에서는 전에 곰의 아래 턱뼈가 출토된 적이 있어서 곰을 숭배하는 습속의 유래가 오래 되었음을 설명해 주고 있다. 곰 숭배 또한 동북 어렵민족이 갖고 있는 특유한 습속이다. 홍산문화는 곰을 주요한 숭배대상으로 삼았고, 옥기가 출토된 지역 특색과 아주 잘 어울린다. 다만 켐브리지대학 박물관에서 소장 중인 이 옥좌인이 머리에 이고 있는 것은, 그저 단순한 곰관(熊冠)이 아니라, 곰 머리가 딸린 곰 가죽을 두른 것이라고 나는 이해한다. 곰 머리를 관모 형태로 만들었고, 옥인의 정면 얼굴 부위는 확실하게 인면과 곰 모자의 경계선을 볼 수 있다. 뒤에서 보면, 곰 머리와 몸체의 치마가 연결되어 있는, 다만 몸체 위에 통 곰 가죽을 몸에 두르고 있는 이런 옷차림이라는 것이다. 그러므로 이 옥기는 여전히 인간이 주체로서, 한 벌의 곰 가죽을 두른 사람이라고 할 수 있다. 인물 본체는 여전히 고궁 소장품 및 우하량에서 출토된 것과 같은 나신의 옥인상이다. 여기서 주의해야 할 한 가지 세부 사항으로는, 켐브리지대학의 옥좌인이 맨발에 하나의 둥근 물체 위를 밟고 있는 것으로, 이 둥근 물체가 무엇인지는 알아낼 수 없고, 다만 여기에 출현 한 것은 결코 아무렇게나 만든 것이 아니라는 것이고, 응당 그 특정한 의미가 있을 것이다.

* **옥웅룡** : 부족장 등장(+신인. 태양신. 돼지)

* **옥웅**玉熊 : 은. 중국국가박물관

1976년, 은 武丁 부호묘 출토.
3.4cm

* 중국 곽대순 교수 :

옥웅룡玉熊龍 : 홍산문화 가장 대표적 옥기.

홍산인, 곰 동물신 주신 숭배.

중화인민공화국中華人民
共和國 국무원교무판공
실國務院僑務辦公室主
辦 Overseas Chinese
Affairs Office of the
State Coucil. www.
gqb.gov.cn

"홍산인이 숭배한 동물신은 여러 신神가운데 으뜸인 주신主神이었을 것이고, 홍산인은 바로 곰을 숭배한 족속이었다."

"그 형상이 돼지를 닮지 않고, 곰을 닮은 관계로 직접 "웅룡熊龍"이라고 칭할 수 있다. 옥웅룡은 홍산문화 옥기 중에 가장 대표성을 갖춘 옥기이고, 아울러 제작에 사용된 기법도 난이도가 가장 높은 것으로, 홍산문화인들은 곰숭배족인 것을 설명해주고 있다."

* 중국 주내성朱乃誠 교수 : 최초 상징 곰〈紅山文化獸面形玦形玉飾研究〉

[考古學報]2008년제1기.

기원전 3360년 전－기원전 2267년 전. "C"자형을 띤 용은 현재 요서 지구의 삼성타랍 옥룡과 황곡돈 옥룡만 보인다. 홍산문화 수면결형 옥식은 홍산문화 후기에 옥 습관이 점진적으로 흥성해지는 과정에서 생산된 일종의 특수한 기형으로 그들 연대는 기원 전 3360년과 기원 전 2267년 사이에 있으며, 그 최초의 상징적으로 품고 있는 것은 곰이다.

* 이형구 교수 : 홍산인 곰 숭배 사실 결정적 단서.

"이렇듯 옥으로 조각한 웅룡熊龍은 홍산문화 옥기 가운데 가장 많은 데 한 20여 건이라고 보고됐어요. 웅룡은 말굽형 베개, 구름형 옥패, 방원형 옥벽 등과 함께 홍산 문화 옥기의 4대 유형 중 하나로 꼽혀요."

"이와 같은 사실은 홍산인들이 여신뿐만 아니라 곰에게도 제사를 지냈다는 사실을 나타내는 것입니다. 바로 이것은 홍산인들이 곰을 숭배했다는 사실을 나타내는 결정적인 단서입니다."

이 묘에 안치된 인골은 다리를 교차하고 있어 하늘과 교류하는 제사장이었을 것으로 추정된다. 그 가슴에 놓여 있는 옥은 곰을 형상화한 것이다. 홍산문화의 옥기 가운데 가장 많이 발견되는 웅룡熊龍, 곰을 숭배하던 홍산인들이 그들의 터전에서 세운 나라는 고조선과 어떤 관계가 있는 것일까.

* 중국 엽서헌^{叶舒宪} 교수 〈狼图腾, 还是熊图腾? 关于中华祖先图腾的 辨析与反思〉

곰 토템 : 선사시대 토템 근간 형성. 동물신 주신 숭배.

2006년 4월, 필자(엽서헌葉舒憲 교수)와 북경대학 동방학원 진강룡陳崗龍교수, 적봉학원원장 덕력격이德力格尔 교수, 적봉학원 홍산문화국제연구중심 부주임 서자봉徐子锋 교수 등 학자 일행은 내몽고 동부와 요녕서부의 홍산문화 구역을 고찰했고, 각지 고고 현장과 기현 박물관 및 문물 부문에서 관련된 고고 문물 자료를 수집해서 초보적인 분석 : 곰은 중화 북방 선사 토템의 한 근간을 이루고 있으며, 이미 비교적 분명하게 드러내고 있다는 것을 보여주고 있다.

중국사회과학원원보
中国社会科学院院报
2006.8.2.

* 엄문명^{嚴文明} 교수 〈조기 중국은 어떤 모습이었을까^{早期中國是怎樣的?}〉

홍산문화 옥기 가운데 저룡이나 웅룡의 형태는 매우 특수하면서도 통일되어 있어서, 대부분 논자들은 아마 홍산인들의 토템이라고 알고 있다. 이것은 홍산문화인들이 통일된 종교 신앙을 갖고 있었다는 것을 뜻한다. 이러한 신앙은 모종의 권력 기구와 결합할 경우 거대한 역량을 만들어낸다.

[광명일보] 2010.1.14.

새 토템 : 옥조(옥봉玉鳳, 옥응玉鷹 ; 신조神鳥)

* 사방신 : [산해경] 특정 종족 선조.

東方 句芒, 鳥身人面, 乘兩龍. [山海經 海外東經]
동방 구망 조신인면 승양용 산해경 해외동경

西方 蓐收, 左耳有蛇, 乘兩龍. [山海經 海外西經]
서방 욕수 좌이청사 승양용 산해경 해외서경

南方 祝融, 獸身人面, 乘兩龍. [山海經 海外南經]
남방 축융 수신인면 승양용 산해경 해외남경

北方 禺彊, 人面鳥身, 珥兩青蛇, 踐兩青蛇. [山海經 海外北經]
북방 우강 인면조신 이양청사 천양청사 산해경 해외북경

풍신 우강禺強: 황제의 손자,

[산해경] 大荒東經 "황제는 우禺를 낳았고, 우는 우경禺京을 낳았다. 이 우경이 바로 우강이다.

[산해경] 海外北經 "北方禺強 人面鳥神, 珥 兩靑蛇. 踐兩靑蛇."
　　　　　　해외북경　북방우강 인면어신 이　청사 천　청사
목신木神 구망句芒: 복희의 신하, 손에는 원규圓規, 봄 하늘 관리.

[산해경] 海外東經
　　　　　해외동경
"동방 구망 새 몸 사람 얼굴(鳥身人面)로 두 마리 용을 타고 있다"

현녀玄女: 황제에게 병법을 전수해 치우를 포획할 수 있었다.

구봉九鳳: 북방에 살며, 사람 머리 새 몸(人頭鳥身), 머리가 아홉 개.

옥응玉鷹 : 상해박물관. 북경고궁박물원(홍산문화, 비교적 많이 발견, 독수리 관련)

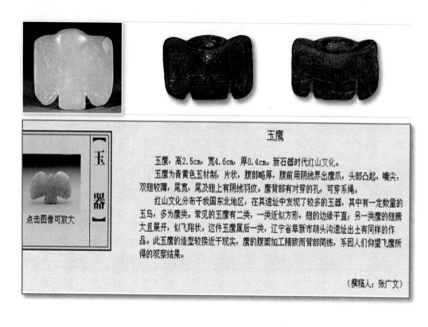

* 유국상 : 삼종옥기(5000년전). 왕자 신분 출현.

묘주인 신분 巫師 삼종옥기 = 玉人(18.5cm) + 고형기箍形器 + 옥봉玉鳳

1984년 요녕성 건평현 우하량 제16지점 4호묘 출토.

* 옥조 : 요녕성 부신 호두구胡頭溝(우하량 동쪽 200km).

홍산 문화층 바로 위층 : 비파형청동 단검 한반도 발해연안 대표 유물

"옥조" 옥효玉鴞
부신시 호두구 유적지 출토

* 옥조玉鳥 : 신조神鳥. 천지 소통 능력.

　새는 왜 선사시대 내몽고 초원의 선주민의 관심을 끌었을까? 새는 자유롭게 하늘을 날 수 있다. 이러한 새의 진화한 본능은 원시 인류들에게 일종의 신기한 역량으로 보였기 때문에, 그들은 새는 천지를 소통하는 능력이 있다고 보았다. 원시 인류 는 결국 신은 하늘 위에 살고, 사람은 지상에 산다고 믿고, 새는 하늘을 날 수 있는 관계로 원시 인류는 당연히 새는 신과 대화할 수 있는 동물이라고 여겼다. 이와 같이 새들한테는 인류가 사람과 신이 통할 수 있는 사명이 주어졌고, 새의 비상할 수 있는 본령으로 인해 새는 원시 인류의 마음 가운데 지위 신화로 되었다. 그들은 새 형상을 조각할 때, 새의 날개와 꼬리에 특별히 주의를 기울여 표현했고, 이 여신상 머리 위의 새의 조형 가운데 위로 솟은 꼬리, 힘찬 날개가 가장 눈길을 끈다. 원시인류 가운데 그들은 왕왕 새는 하늘에서 모든 일체를 다 볼 수 있고, 들을 수 있고, 그리고 이런 능력의 근원은 새의 날개와 꼬리에 있다고 보았다.

　동시에 인류는 또한 사람의 영혼과 신체는 분리될 수 있다고 보았다. 사람이 죽고 난 후, 영혼이 신체로부터 날아 나와, 새처럼 하늘을 날아서, 새도 인류 영혼의 화신으로 되었고, 나아가 조상 영혼의 화신으로서, 결국, 새는 무당의 통신通神의 조수가 되었다. 이런 의식의 제약 속에서, 원시 인류는 옥기 창작에 있어서 당연히 새의 형상을 조각했다. 이와 같이, 선사 문화 선주민들은 부락이 숭배하는 우상을 조각할 때, 천신과의 연계를 소통하기 위해, 또 조상과의 연계를 소통하기 위해,

그들은 필연코 머리 위에 새를 얹고 있는 신기를 만들어 낼 수 있었던 것이다.

* 흑피옥문화 옥조 : +태양신. +옥웅룡.

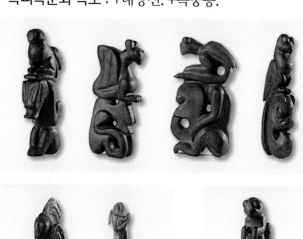

용과 새
H22,
95,
H24,
93쪽.

돼지 등에 탄 새
H15*17, 101쪽.

토끼와독수리
H15.5, 97쪽. H24, 88쪽.

* 옥조 :

뿔 달린 박쥐신
H18*18

박쥐 남자신
H19*15.5

[흑피옥] 91쪽. 83쪽

* 옥조 : 제단 위에 앉은 새. 양저문화 명문 옥벽(신권 제단 새 없음)

[흑피옥] 84쪽

옥벽
13.44cm 대만고궁박물원신권(제단)+왕권(비조飛鳥)

* 명문 옥조 옥부玉斧 : 양저 문화 옥월. 공통.

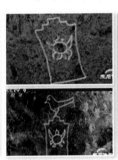

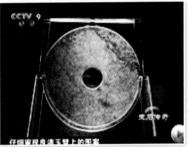

양저박물원 장위동蔣衛東 원장 : 巫師 제단 위 제사활동 묘사. 제단 위 飛鳥.

옥종+옥월 동시 소유자: 양저 부락 장악 神權+王權.

神權 巫師→지고무상 통치권 王者

유빈劉斌(浙江省 문물고고연구소): 부락 장악 神權 巫師.

모영항牟永抗(浙江省 문물고고연구소): 以玉事神謂之巫. 巫 신권장악

* 옥조 명문 옥검 : 일정 제작 양식.

* 옥조형결(옥룡) : 적봉시 파림우기 나사태那斯台 출토.

조형결鳥形玦 5.5cm. 1979년, 파림우기박물관 소장

* 흑피옥문화 옥조玉鳥 : 신조神鳥(=천신).

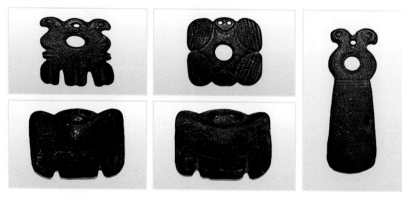

* 고구려 고분벽화 인면조人面鳥 : 반인반수

흑피옥 · 홍산문화 · 반인반수

고구려 고분벽화

산해경

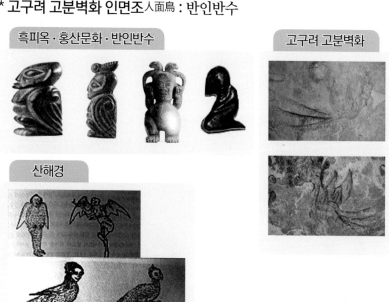

* **인면조(=인두조신)** : 우인羽人 [산해경].

고구려 오회분, 덕흥리, 무영총, 삼실총 −[산해경] −흑피옥문화

* **인면조(=인두조신**人頭鳥身**)** : 천추, 만세(고구려 덕흥리 고분 벽화)

천추 : 인두조신의 모습으로 장수를 기원하는 길상적 의미를 지님.

만세 : 인두조신으로 천추와 짝을 이루며 역시 장수를 기원하는 의미
를 지님.

길리 : 수두조신獸頭鳥身으로 부귀와 짝을 이루며 역시 길상의 의미를
지님.

부귀 : 수두조신으로 길상적 의미를 내포

* 인면조(=인두조신) : 우인羽人 [산해경].

　고구려 오회분, 덕흥리, 무영총, 삼실총－[산해경]－흑피옥문화

정재서[앙띠오이디푸스
의 신화학 중국신화학의
새로운 정립을 위하여]
278-280쪽. 창비.
2010.9

　덕흥리德興里 고분에 그려진 천추千秋 만세萬歲 삼실총三室塚 무용총舞
踊塚 벽화의 이름 미상의 인면조들이 그것이다. 이들의 형상은 모두 [산
해경]에서 유래한다. [산해경]이 본래 무서巫書로서 동이계 신화의 중요
한 내용인 신조 토템을 뚜렷이 반영하고 있다는 사실은[산해경]에 수없
이 등장하는 비조飛鳥 비어飛魚 비수飛獸 등의 유익有翼 동물들에 의해 전
서全書를 통해 구현되고 있는 조류 비상의 이미지로도 확인된다. 그 중
에서도 인면조의 형상은 날개 돋친 우인羽人 형상과 더불어 [산해경]내
조인일체鳥人一體 신화의 대표적 표현이다.

　덕흥리 벽화고분은 평안남도 남포시 강서구역 덕흥리에 위치한 408
년의 기년명紀年銘이 있는 고분이다.

* 흑피옥문화 인면조신人面鳥身 : 우강禺強[산해경].

禺強: [산해경]해외북경海外北經 "北方禺強 人面鳥身, 珥 兩靑蛇. 踐兩靑蛇."

공택서유덕린[전설시대 하상서주] 133쪽, 길림출판공사, 2006.6

진일민[흑피옥풍운록]159쪽, 상해대학출판사, 2011.5.

인수조신人首鳥身人, 상商

* 새 토템 : 소하연문화, 부호 문자(5000-4200년전)

富河文化与后红山文化 [내몽고교육출판사] 2008.1.15.

단일 도화부호에서 보면, 이 7개 도화 부호 가운데 한 가지 새가 거꾸로 된 것과 매우 닮은 형상이 있다. 이 도화 부호는 갑골문 가운데 "至"와 "帝"와 닮았다. 은상殷商은 "검은 새玄鳥"를 토템으로 하고 있고, 따라서 지고무상의 "帝"는 제비형상으로, 머리 부분은 거꾸로 된 삼각형으로 만들었고, 소하연문화의 도관 위의 거꾸로 나는 새 도화 부호도 삼각형의 머리가 거꾸로 되어 있는 것으로, 이것은 아마 소하연문화 시기의 선주민의 새 숭배 토템과 관련이 있다.

(4) 소 토템 : 고구려 고분벽화 우수인신 : 신농염제

흑피옥 · 홍산문화 · 반인반수

고구려 고분벽화

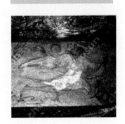

* 우수인신牛首人身 : 고구려 고분벽화 오회분 5호묘. 태양신(흑피옥문
　화, 홍산문화).

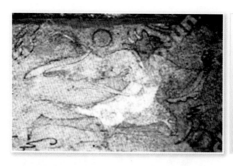

* 정재서 교수 :

　"고구려 고분벽화에서 가장 충실히 형상화된 [산해경]의 신화적 인물
은 농업과 의약의 신 염제다. 염제는 오회분 4호 및 5호묘 벽화에서 세
번이나 출현할 정도로 고구려 민족이 중시했던 신인데, 특히 오회분 5
호묘 벽화의 오른손에 벼이삭을 쥐고 왼손에 풀이나 약초를 쥐고 있는
인신우수人身牛首의 염제 형상은 농업과 의약의 신 염제의 모습을 가장
충실히 구현하고 있다."

　"두 고분에서 나란히 출현하고 있는 인신우수人身牛首의 신상神像은
염제炎帝 신농씨神農氏로 보아도 큰 무리가 없을 것 같다.특히 오회분 5
호묘의 경우 오른손에 벼 이삭을 들고 있는 모습으로부터 농업신으로
서의 성격을 분명히 식별해 낼 수 있기 때문이다."

[앙띠오이디푸스의 신화
학]155-6, 284쪽, 창비,
2010.9

[앙띠오이디푸스의 신화
학] 284쪽.

우수인신 : 태양신 흑피옥문화 공식 방영

〈世博看国宝红古玉, 国宝档案〉 중국 [CCTV-4]. 2010.8.17

* **하덕무**夏德武 **교수** : 우수인신 태양신, 홍산흑피옥 조각 약 30% 차지.

범홍산문화흑피옥 조각의 조형 예술 중, 가장 눈에 띠는 표현 내용은 속칭 "태양신"흑피옥 조각이다. 이 종류의 흑피옥 조각 표현은 일종의 초자연 현상의 "소 머리牛首와 인신人身"의 결합체이다. 이런 종류의 흑피옥 조각은 객관상 홍산흑피옥 조각의 30% 정도를 차지하고 있다. 실제상, 인수人獸 조합의 조형은 상고 민족사회의 토템 조상의 형상을 나타내고 있다. 곰과 사람이 결합한 곰씨熊氏 조각, 물고기와 사람魚人이 결합한 헌원씨軒轅氏 조각, 사람 머리와 용 몸이 결합한 복희씨伏羲氏 조각, 돼지 머리 사람 몸의 시위씨豕韦氏 조각, 새 머리 사람 몸의 관두씨讙头氏 조각, 이와 같은 복합체 조형은 흑피옥 조각 가운데 모든 곳에서 나타나고 있고, 그리고 소 머리 인신牛首人身 조각상은 바로 신농씨神農氏 조각상이다. [산해경 남해북경]중에 사람 형태와 닮은 대봉국, 복희는 사람 머리 뱀 몸人首蛇身, 염제는 소 머리 인신牛首人身 등등이 기재되어 있다.

〈泛红山文化〉 옥기수장가협회, 옥기수장위원회 주편 [中国神秘的黑皮玉雕] 서문 6쪽, 만국학술출판, 2009년.

[예술여생명정신] 하북
교육출판사, 2006.10.

* 중국 교천喬遷 :

"고대 중국에는 사람과 신(人神) 사이의 성교신화가 매우 많다. 염제 씨족의 '소전비가 신룡과 접하여 염제를 낳았는데, 몸은 사람 머리는 소였다'.

서림徐琳 〈三尊 "紅山玉
人"像解析〉
[수장가]2010년제4기
(원문:[중국사회과학보])

옥 신인玉 神人 : 우수인신(태양신) 이후 등장

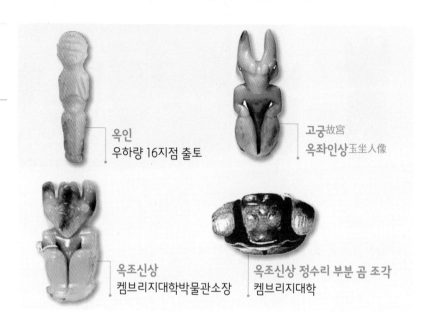

옥인
우하량 16지점 출토

고궁故宮
옥좌인상玉坐人像

옥조신상
켐브리지대학박물관소장

옥조신상 정수리 부분 곰 조각
켐브리지대학

〈中國新石器時代玉人形
紋創意設計-藝術,文化,
社會跨域思索〉2009.12.
(65-78쪽).

* 대만 강미영江美英 **교수** : 박물관 소장 미출토 옥 신인 자료.

신석기시대 홍산문화 신인 : 均爲博物館收藏未見出土 資料				

북경고궁박물원 高14.66公分	劍橋大學博物館 高12公分	Ernest Erickson 高10.8公分	Cleveland Museum of Art 高13.5公分	북경고궁박물원 長27.7 11.7

(5) 돼지 토템 :

저수인신猪首人身 : 시위씨豕韋氏. 봉희씨封豨氏.

(6) 거북龜토템 : 황제헌원씨軒轅氏 관련.

[산해경] 해내동경

태호복희─여와 : 뢰택의 주신 번개雷神.

구신인두龜身人頭(거북 몸 사람 머리)

* 뢰광진雷廣臻 교수 : 천원天黿神龜 부호 발견, 황제黃帝문화 증거 주장.
  우하량 1지점, 5지점 1호총 중심대묘

〈요녕발현황제문화부호
遼寧發現黃帝文化符號〉
[요녕일보遼寧日報]
2011.12.28

뢰광진雷廣臻은 홍산문화 유적지 석판위에 새겨진 黃帝문화 부호 천원天黿神龜을 발견하고, 이것은 5000여 년 전 고대인들이 이미 석각 도형이나 글자를 사용해서 부족의 기원을 표시하기 시작한 것일 뿐 아니라, 홍산문화 즉 황제문화에 새로운 하나의 증거를 제공하는 것이라고 강조했다.

(7) 양 토템 : 양수인신羊首人身. 고강족古羌族.

(8) 사슴 토템 : 녹수인신鹿首人身

진일민[홍산옥기]135쪽,
상해대학출판사,
2004,4. 143쪽

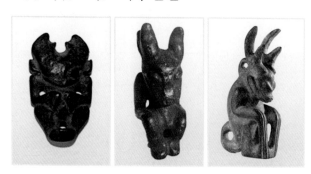

(9) 기타 동물 토템 :

* 인면어신人面魚身 : 저인국氏人国.

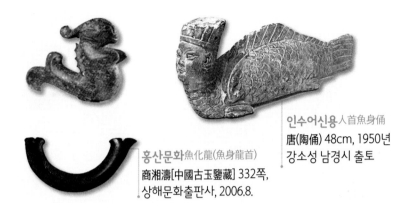

홍산문화魚化龍(魚身龍首)
商湘濤[中國古玉鑒藏] 332쪽,
상해문화출판사, 2006.8.

인수어신용人首魚身俑
唐(陶俑) 48cm, 1950년
강소성 남경시 출토

* 정재서 : 능어인면陵魚人面, 저인氏人, 인면어신人面魚身 [산해경].

[산해경]

해내북경海內北經 : 陵魚人面, 手足, 魚身, 在海中.

해내남경海內南經 : 氐人國在建木西, 其爲人人面而魚身, 無足.

대황서경大荒西經 : 인면어신人面魚身

"호인지국에는 인면어신人面魚身이 있다. 염제의 손자 가운데 영괄靈恝이 있고, 영괄은 호인互人을 낳았고, 능히 하늘을 오르내릴 수 있었다".

[앙띠 오이디푸스의 신화학] 124쪽. 창비. 2011.

* 개 토템 :

머리에 홀을 쓴
개 머리 여신상

호랑이? 개?
H9.5*19

* 말 토템 : 머리에 마수인신상을 얹고 있는 마두상.

* 개구리 토템 : 머리에 개구리를 얹고 있는 여와씨女媧氏

진일민 [홍산옥기] 129, 130쪽. 상해대학출판사, 2004,4.

개구리를 얹고 있는 여신상은 바로 홍산문화 성 숭배와 생식 숭배의 우상이다. 이 조각 머리 부분은 매우 크고, 머리 위에 한 마리 청개구리를 얹고 있고, 신상은 구부린체로 서있고,유방이 돌출되어 있고, 이런 종류의 여성 기관이 특이하게 큰 조각은, 그 목적이 매우 확실히 진실되게 원시부락 민중의 성과 생식 숭배를 실질적으로 반영한 것으로, 바로 머리 위의 청개구리가 생식 숭배에 대한 가장 좋은 설명이다. 청개구리의 번식능력이 특별히 왕성한 것은 이미 선사시대인들이 주목을 받았던 것이다.

* 지렁이 : H20.5

2 | 반인반수

[1] 반인반수 옥조각 분석 :
신상神像=동물, 신인神人=인간.

손영춘孫迎春(〈양저문화 옥기 신인수면문 탐색探祕良渚文化玉器神人兽面纹〉(下)

[文物鉴定与鉴赏]2012년 10월)에 근거해서, 양저문화 옥기에 대한 분석 방법을 흑피옥문화와 홍산문화 옥기에 시험적으로 다음과 같이 적용시켜 보았다.

옥조각상 해석 방법 :

1. 신인－신인 조합의 옥종은 그 주인은 무당 혈통이 아니고, 가족 중에도 무당의 성원이 없음을 표시; 이런 유형의 도상 조합은 옥종 가운데(소 옥종, 단 품 송곳 형 포함) 수량이 가장 많은 한 가지 종류이다.

양저문화 신인수면문神人獸面紋 옥종왕 反山 M12:98

양저문화 옥종 그 주인은 무당 혈통이 아니고, 가족 중에도 무당의 성원이 없음을 표시. 수량 가장 많음.

2. 신상－신인 조합의 옥종은 그 주인의 조상이 무당이거나 혹은 무의 전승자인 것을 표시 ; 이런 유형의 옥종은 비교적 적다.

양저문화 반산反山
M17 : 1 신상-신인

옥종

신농염제

우수인신

고구려 고분벽화

3. 신인 – 신상 조합의 옥종은 그 주인이 비록 무당 혈통이 아니지만, 그 가족 중에 무당의 구성원이 있다는 것을 표시 ; 이런 유형의 도상 조합의 옥종도 비교적 적게 나타난다.

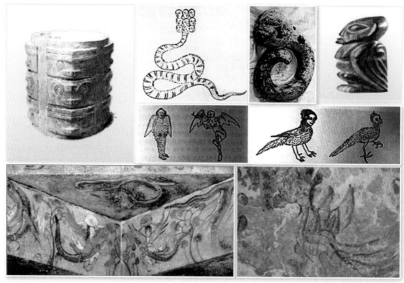

양저문화. [산해경]. 홍산문화 복희용. 흑피옥문화. 고구려 고분벽화

4. 신상 – 신상 조합은 무당의 세습을 표시 ; 이런 유형의 도상 조합의 옥종은 소량이고 또 소량이다.

흑피옥문화, 홍산문화.

5. 옥휘−옥휘 조합은 "왕"의 세습을 표시 ; 이런 유형의 도상의 조합은 옥종 가운데 실로 극히 다르다.

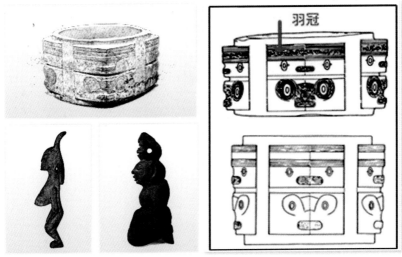

양저문화 요산瑤山 M2:22 單組 옥휘 옥종. 우관羽冠을 쓴 "신인" 왕의 신분.

이와 같은 해석 방법은 지금까지 수수께끼로 남아 있는 신비스러운 베일에 쌓여있는 불가사의한 흑피옥문화와 홍산문화 옥조각상들을 이해하는데, 상당한 도움이 될 것으로 보여진다. 왜냐하면 당시 신석기 시대 중국대륙의 남북을 대표하는 양저문화, 홍산문화와 흑피옥문화 사회는 옥이 문화의 정수였다는 공통점과 더불어 당시 사회의 집단적 상징을 옥을 통해 표현하고 있다는 것이다. 다른 점이 있다면 양자강 유역의 양저문화에서는 옥기 표면이라는 이차원 공간의 회화적 수법으로 표현되어 있지만, 요하 일대의 흑피옥문화와 홍산문화는 삼차원 공간의 옥 조각으로 표현되어 있다는 사실 뿐이다.

[2] 반인반수 옥문화 종류별 :

새, 소, 뱀, 곰, 돼지, 양, 물고기 등.

흑피옥

홍산문화

양저

[中國神秘的黑皮玉雕]
서언, 6쪽, 옥기수장위원
회, 만국학술출판사,
2009.

* 하덕무(중국 중앙미술학원)교수 :

옥수玉獸(옥동물) ; 동물 토템 (흑피옥문화, 양저문화 부족 사회 자화상).

熊人合一 熊氏 : 웅(곰), 인 융합, 웅씨 토템상.

鱼人合一 轩辕氏 : 어(물고기), 인, 헌원씨.

人首龙身 伏羲氏 : 인수 용신, 복희 상

猪首人身 豕韦氏 : 돼지 머리, 인신. 시위씨. 封豨氏토템상.

鸟首人身 讙头氏 : 새 머리, 인신, 환두씨([산해경])

牛首人身 神农氏: 염제炎帝 우수인신. 蚩尤 : 우수인신 치우 조각상.

羊首人身 古羌族 : 양수인신 고강족 토템상.

龙首人身 龙氏族 : 용수인신 용씨 조각상.

头顶蛙 女娲氏 : 개구리를 머리에 인 여와씨 조각상.

半人半鱼氏人国 : 반인반어 씨인국 토템상.

(1) 인면사신人面蛇身 : 뱀토템.

고구려 고분벽화 인수사신 : 해의 신, 달의 신(중국복희, 여와)

흑피옥 · 홍산문화 · 반인반수

산해경   고구려 고분벽화

 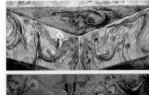

* **반인반수 염제** : 신룡(남성 상징) + 소전비(염제 모)

  복희룡 : 인면사신. 복희형상 최초 추형雛形. 요녕성 민간소장.

진일민[홍산옥기도감]
176쪽, 상해문화출판사,
2066,2.

염제 : 반인반수(우수인신牛首人身)

  염제 씨족의 '소전비가 신룡과 접하여 염제를 낳았는데 몸은 사람 머리는 소였다'

교천喬遷[藝術與生命精
神]58쪽 하북교육출판
사. 2006,10.

* 인면사신人面蛇身 : 해의 신. 달의 신.

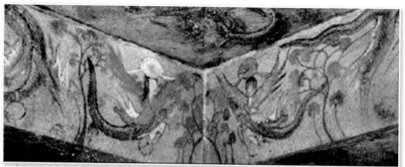

집안 고구려 고분벽화 오회분 4호

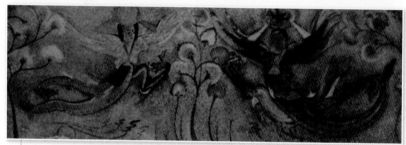

집안 고구려 고분벽화 오회분 5호

* 인면사신人面蛇身 : [산해경] 해외북경 상류 相柳 촉음燭陰

정재서(이화여대 중문과)
[앙띠오이디푸스의 신화
학] 243,244쪽 창비,
2010.9

* 인면사신 : 한대 화상석 西王母(생육의 신) 동왕공.

복희여와도

닭 머리 인신
雞首人身

한가지존漢家至尊 – 한화탁편중적서왕모여동왕공漢畵拓片中的西王母與東王公. 말 머리 인신馬首人身 – [CCTV] 國際 2005.3.1

* 인면사신 : 복희 여와도(해삼족오. 달두꺼비, 토끼)

복희여와도伏羲女娲圖

위 그림 가운데 태양을 나타내는 둥근 원 안에는 삼족오가, 달을 상징하는 아래 둥근 원 안에는 두꺼비와 토끼가 방아를 찧고 있는 모습이 그려져 있다.

공서탁龔書鐸유덕린劉德麟[전설시대-하-상-서주] 22쪽,길림출판공사, 2006.6

* 하성량何星亮(중국사회과학원민족학,인류학 연구원) :

〈중국 용문화의 인문정신〉 [인민일보] 2012.2.24

용 문화는 중국 전통문화 가운데 연속 기간이 가장 길고, 생명력이 가장 강한 문화현상 가운데 하나로서 전통문화의 대표적 전형이다. 중국인과 중국사회에 대한 용 문화의 영향은 심원하고, 따라서 그것은 이미 중화민족 문화와 동일시 한 유대, 정감 관계의 교량이라고 볼 수 있다.---중략--- 그 가운데 가장 영향을 준 것은 용의 원형이 뱀이라는 주장이다. 저명학자 문일다聞一多는 지난 세기 40년대에 용의 원형을 탐구했다. 그는, 용의 주요 부분과 기본 형태는 뱀으로 보았다. 문일다 이후, 많은 학자들도 모두 용의 원형은 뱀이라고 보고 있다.--중략--중국에서 용 문화는 크게 4 단계 발전과정을 거쳤다 : 토템 숭배 단계, 용신 숭배와 제왕 숭배 결합 단계, 인도 용 숭배와 중국 용 숭배 결합단계.

토템 숭배 단계에는, 중국 상고시대 어떤 부락은 용을 토템으로 숭배하고, 자기 부락의 조상과 표지로 삼았다. 역사문헌 자료와 관련 전설에 근거하자면, 용(원형은 뱀)은 원래 복희伏羲 씨족의 토템이었고, 후일 태호太暤부락의 토템이 되었고, 태호太暤부락은 용 토템 숭배의 가장 중요한 기원지 가운데 한 곳이다.

* 뱀 토템 씨족 + 두꺼비 토템 씨족 = 부락 구성.

[대련일보] 2013.2.21

20세기 80년대 부신 사해 유적지에서 8000년 전, 뱀이 두꺼비를 물고 있는 문양의 통형 도관이 발견되었다. 이것은 지금까지 발견된 것 중 가장 빠른 뱀의 도상이다. 이 유물은 이미 원시 예술 작품이고 또한 토템 숭배 작품이다. 이 도관은 마치 사해 취락이 두꺼비와 뱀의 두 씨족으로 구성된 부락인 것을 표현하고 있는 것 같고, 사해 선주민은 이미 두꺼비의 이러한 매우 강력한 번식 능력을 기대했으며, 또 이러한 뱀과 같은 강력한 위력을 갖춘 동물이 본 씨족을 보호해 주기를 기대했던 것이다. 중국 최초 뱀 문물 8000년 전. 사해 선주민 토템.

(2) 우수인신牛首人身 : 소 토템

흑피옥 · 홍산문화 · 반인반수	고구려 고분벽화

* 흑피옥문화 태양신 : 공식 방영.

 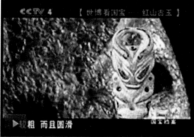

〈世博看国宝红 M 山古玉〉[国宝档案] 중국 CCTV-4. 2010.8.17

* 고구려 집안 고분 벽화 오회분 4호,5호묘 신농염제 : 태양신

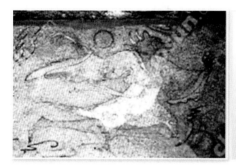  

흑피옥문화
우수인신28cm

홍산문화
6.8cm

* 정재서 교수 :

[앙띠오이디푸스의 신화학]155-6,284쪽, 창비, 2010. 9

우수인신 신상 : 염제 신농씨 고구려 고분벽화에서 가장 충실히 형상화된 신화적 인물.

"두 고분에서 나란히 출현하고 있는 인신우수人身牛首의 신상神像은 염제炎帝 신농씨神農氏로 보아도 큰 무리가 없을 것 같다. 특히 오회분 5호묘의 경우 오른손에 벼 이삭을 들고 있는 모습으로부터 농업신으로서의 성격을 분명히 식별해 낼 수 있기 때문이다. 그런데 오회분 5호묘 및 4호묘 신농 형상 주위를 살펴보면 비의飛衣같은 것을 입고 무엇인가 붉은 것을 손에 쥔 신령이 그려져 있다. 붉은 것이 불씨임이 맞다면 이 신은 염제 신농을 보좌하는 축융祝融일 가능성이 높다. 곽박은 축융에 대해 고신씨高辛氏의 화정火正으로 화신火神이라고 주를 달고 있다."

고구려 고분벽화에서 가장 충실히 형상화 된 [산해경]의 신화적 인물은 농업과 의약의 신 염제다. 염제는 오회분 4호 및 5호묘 벽화에서 세 번이나 출현할 정도로 고구려 민족이 중시했던 신인데, 특히 오회분 5호묘 벽화의 오른손에 벼이삭을 쥐고 왼손에 풀이나 약초를 쥐고 있는 인신우수人身牛首의 염제 형상은 농업과 의약의 신 염제의 모습을 가장 충실히 구현하고 있다.

〈반인반수半人牛獸〉[대만시보台灣時報] 1981년 9월 12일.

* **여응종**呂應鐘 : 우수인신, 한 분은 신농神農, 한 분은 치우蚩尤.

　신농이 바로 염제炎帝이고, 남방을 다스리는 남방 대제大帝이다. 백호통白虎通 5행에 "염제는 태양이다."로부터, 염제가 바로 태양신이다. 제왕세기帝王世紀에는 "염제 신농씨는 인신우수人身牛首". 치우는 염제의 후대로, [로사후기路史後紀]에 의하면 "판천씨阪泉氏 치우는 성은 강姜, 염제의 후예이다."

　염제는 곧 우두인신牛頭人身의 신으로, 그 후대 역시 당연히 우두인신이다.

* **우수인신** : 玉神人(세계 각국 박물관 소장, 비출토 유물)

대만 江美英〈中國新石器時代玉人形紋創意設計-藝術,文化,社會跨域思索〉2009.12. (65-78쪽).

신석기시대 홍산문화 신인 : 均爲博物館收藏未見出土 資料				
북경고궁박물원 高14.66公分	劍橋大學博物館 高12公分	Ernest Erickson 高10.8公分	Cleveland Museum of Art 高13.5公分	북경고궁박물원 長27.7 11.7

* **소형 태양신(10cm 미만)**

□ 옥신인玉神人(인간신) : 우수인신(태양신 이후) 등장 가능성.

서림徐琳〈三尊"红山玉人"像解析〉2010,2,16. [수장가]2010년제4기(원문:[중국사회과학보])

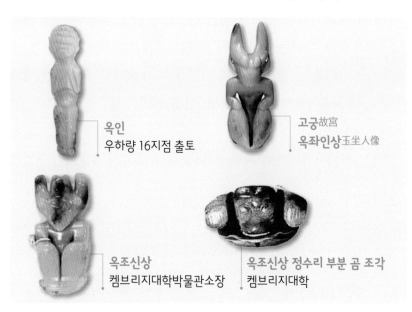

옥인
우하량 16지점 출토

고궁故宮
옥좌인상玉坐人像

옥조신상
켐브리지대학박물관소장

옥조신상 정수리 부분 곰 조각
켐브리지대학

* **일본측 : 수인獸人.**

키토라 고분(http://kitora.nabunken.go.jp/)

북벽「뱀」　　서벽「소」　　동벽「호랑이」　　남벽「말」

일본 [매일신문每日新聞] 2008, 6,15.

　키토라 12지신상은 수두인신獸頭人身으로, 북벽 중앙의 子(쥐)를 기점으로, 시계방향으로 그려져 있다. 巳(사), 卯(묘)도 똑같이 회반죽 표면에 진흙이 부착되어 있기 때문에, 안료가 남아 있을 가능성이 있다고 한다.

　「십이지상十二支像」(시각이나 방위를 나타내는 12 종류 동물상. 수(581-618), 당(618-907)등 고대 중국 묘의 묘지나, 한반도를 통일한 신라 왕의 묘를 둘러싼 돌 표면 등에 새겨져 있다. 십이지 동물의 얼굴과 사람의 몸을 합친 수두인신상(짐승 머리, 사람 몸獸頭人身으로)도 포함된다.

□ 우수인신(태양신) : + 신인神人

태양신과 사람
[흑피옥]
H24.5 04쪽

□ 우수인신(태양신) : + 새, 독수리, 소

[흑피옥]
H17.5, 141쪽

어미소와 새끼소
[흑피옥]
H24.5. 107쪽

□ 우수인신(태양신) : + 돼지

태양신과 돼지
[흑피옥]
H25. 140쪽

* 그리이스 미노스의 황소. Minotauros (영) Minotaur. (그리스어 '미노
스의 황소')

소+사람 : 자연과 분화되지 않은 인간의 자의식自意識을 상징

미로속의 반인반우 미노토는 반쯤 개화된 크레타의 문명이었을 것이
고, 주술적인 제의祭儀에 인간의 운명이 의존. 즉 자연과 분화되지 않은
인간의 자의식自意識을 상징. 자연에 대한 경외감은 바로 종교. 미노토
에게 인간을 바친다는 것은 야만적인 신정神政의 반영.

(3) 인두조신人頭鳥身 : 새토템

흑피옥 · 홍산문화 · 반인반수

고구려 고분벽화

산해경

* 인두조신 : 천추, 만세(고구려 덕흥리 고분 벽화)

천추: 인두조신의 모습으로 장수를 기원하는 길상적 의미를 지님

만세: 인두조신으로 천추와 짝을 이루며 역시 장수를 기원하는 의미

를 지님.

길리: 수두조신으로 부귀와 짝을 이루며 역시 길상의 의미를 지님.

부귀: 수두조신으로 길상적 의미를 내포

* 인두조신 : 청양(하나의 몸통에 두 개의 머리가 달린 새).

 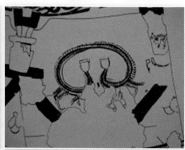

이름 미상 인면조 고구려 덕흥리 고분벽화. 삼실총, 무용총 벽화.

정재서[앙띠오이디푸스의 신화학 중국신화학의 새로운 정립을 위하여] 278-280쪽. 창비. 2010,9.

덕흥리德興里 고분에 그려진 천추千秋 만세萬歲 삼실총三室塚 무용총舞踊塚 벽화의 이름 미상의 인면조들이 그것이다. 이들의 형상은 모두 [산해경]에서 유래한다. [산해경]이 본래 무서巫書로서 동이계 신화의 중요한 내용인 신조 토템을 뚜렷이 반영하고 있다는 사실은 [산해경]에 수없이 등장하는 비조飛鳥 비어飛魚 비수飛獸 등의 유익有翼 동물들에 의해 전서全書를 통해 구현되고 있는 조류 비상의 이미지로도 확인된다. 그중에서도 인면조의 형상은 날개 돋친 우인羽人 형상과 더불어 [산해경] 내 조인일체鳥人一體 신화의 대표적 표현이다. 〈해외동경海外東經〉에 등장하는 동방의 신 구망句芒을 비롯 〈남차이경南次二經〉의 주특鴸, 〈남차삼경〉의 구여瞿如 옹전顒顬, 〈서산경〉의 탁비橐?, 〈서차이경〉의 부혜鳧徯, 〈서차사경〉의 인면효人面鴞, 〈북산경〉의 송사竦斯, 〈해외남경〉의 필방畢方 등이 인면조 부류이다.

덕흥리 벽화고분은 평안남도 남포시 강서구역 덕흥리에 위치한 408년의 기년명紀年銘이 있는 고분이다.

□ 인면조 : 우인羽人 [산해경]

흑피옥문화
[흑피옥]
H24.121쪽. H25.

□ 인면조신人面鳥身 : 우강禺强[산해경].

禺强: [산해경]海外北經 "北方禺强 人面鳥身,珥 兩靑蛇. 踐兩靑蛇."

진일민[흑피옥풍운록]
159쪽, 상해대학출판사,
2011,5.

□ 조수인신鳥首人身 : 홍산문화

□ [산해경] 우민, 환두(우인羽人) : 조인일체.

인면조에서 다시 변모된 형태의 조인일체 표현은 [산해경]에서 날개
돋친 인간의 모습인 우민羽民·환두讙頭 등의 우인羽人 형상으로 나타난
다. 〈해외남경〉에서의 이들에 대한 묘사는 다음과 같다.

(정재서 [앙띠오이디푸스
의 신화학] 280-281쪽).

우민국이 그 동남쪽에 있는데, 그 사람들은 머리가 길고 몸에 날개가
나 있다.

羽民國在其東南, 其爲人長頭, 身生羽.

환두국이 그 남쪽에 있는데 그 사람들은 사람의 얼굴에 날개가 있고
새의 부리를 하고 있으며 지금 물고기를 잡고 있다.

羽民國在其東南, 其爲人人面有翼, 鳥喙, 方捕魚.

동진東晋의 곽박郭璞은 특히 우민에 대해 "날 수는 있지만 멀리는 못
간다. 알로 낳으며 그림을 보면 마치 신선 같다(能非不能遠,卵生,畵似仙
人也)"라고 주석을 달아 이러한 존재의 신선 형상으로의 변모를 예시豫
示하듯이 말하고 있다. 우인형상은 마왕퇴馬王堆 백화帛畵 및 무량사武梁
祠를 비롯한 한대 사당의 화상석畵像石 등에서 자주 보인다. 고구려 벽화
에서는 이와 동일한 형상이 나타나지는 않으나 집안集安 오회분五盔墳 5
호묘 천장부 고임부분과 4호묘 널방 벽부분에 그려진 재신財神 및 신선
들의 우의羽衣를 걸친 모습이 보다 인간화된, 이에 상응하는 표현일 것
으로 생각된다. 우인 형상의 또 다른 표현으로는 조류로의 완전한 변신
이 있다.

* **조두**鳥頭(**매**)人身 : 호루스(이집트 태양신).

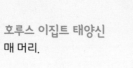

람세스 2세Ramesses II와
(BC 1279~1213 재위)
매 2.31m.

호루스 이집트 태양신
매 머리.

(4) 기타 동물 토템

□ 양수인신羊首人身 : 고강족古羌族.

□ 사슴 토템 : 녹수인신鹿首人身

진일민 진앵
[홍산옥기] 135쪽

□ 개 토템 : 머리에 홀을 쓴 개 머리 여신상

진일민 진앵
[홍산옥기]143쪽
상해대학출판사, 2004.4

□ 저수인신猪首人身 : 시위씨豕韋氏. 봉희씨封豨氏.

□ 양수어신羊首魚身 : 양 + 물고기.

양과물고기
/H24.
[흑피옥] 112쪽

□ 거북龜토템 : 황제헌원씨軒轅氏 관련 가능성.

태호복희−여와 : [산해경] 해내동경.

뢰택의 주신
번개 雷神

구신인두龜身人頭
거북 몸 사람 머리

□ 말 토템 : 머리에 마수인신상을 얹고 있는 마두상.

□ 어류 토템 : 인면어신人面魚身

* **정재서** : [산해경] 저인국氐人国. 陵魚.

　[산해경 海內北經] : 陵魚人面, 手足, 魚身, 在海中

　[산해경 海內南經] : 氐人國在建木西, 其爲人人面而魚身, 無足

　[산해경 大荒西經] : 인면어신人面魚身:

　사람 머리 물고기 몸 人頭魚身. 호인지국互人之國 : 염제炎帝의 후손.

　"호인지국에는 인면어신人面魚身이 있다. 염제의 손자 가운데 영괄靈恝

이 있고, 영괄은 호인互人을 낳았고, 능히 하늘을 오르내릴 수 있었다."

[앙띠 오이디푸스의 신화학] 124쪽. 창비. 2011.

진일민 [홍산옥기] 129,
130쪽. 상해대학출판사,
2004.4

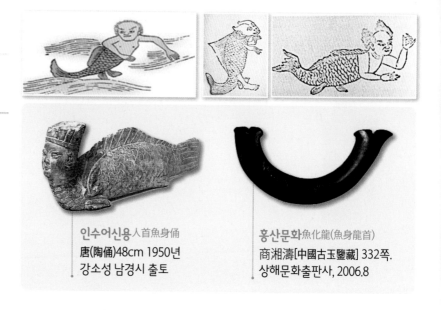

인수어신용人首魚身俑
唐(陶俑)48cm 1950년
강소성 남경시 출토

홍산문화魚化龍(魚身龍首)
商湘濤[中國古玉鑒藏] 332쪽.
상해문화출판사, 2006.8

□ 개구리 토템 :

머리에 개구리를 얹고 있는
여와씨女媧氏

개구리를 얹고 있는 여신상은 바로 홍산문화 성 숭배와 생식 숭배의
우상이다. 이 조각 머리 부분은 매우 크고, 머리 위에 한 마리 청개구리
를 얹고 있고, 신상은 구부린체로 서있고, 유방이 돌출되어 있고, 이런
종류의 여성 기관이 특이하게 큰 조각은, 그 목적이 매우 확실히 진실되
게 원시부락 민중의 성과 생식 숭배를 실질적으로 반영한 것으로, 바로
머리 위의 청개구리가 생식숭배에 대한 가장 좋은 설명이다. 청개구리
의 번식능력이 특별히 왕성한 것은 이미 선사시대인들이 주목을 받았
던 것이다.

3 옥신인玉神人

[1] 옥신인玉神人 : 인물상(실물 크기 비교 10:1, 단위 cm)

흑피옥

70

홍산

18.5

고촉

14.5

능가탄 양저 석가하

10미만

제가

흑피옥 문화 부족집단 상징

(1) 옥신인 : 신석기 시대 후기 등장

동물신 : 용, 봉 등 동물 토템 대상의 신성화(단일, 복합 동물신, 원시토템 신 포함)

반인반수 신 : 인신人神 동형의 신.

헤겔 : 인수人首는 정신을 상징, 수신獸身은 물질을 상징. 반인반수의 의미는 정신이 물질을 깨뜨리는 것이라고 파악. 인체의 일부분을 신의 지위로 끌어 올릴 수 있었던 것이다.

[산해경] 86위 반인반수 신神 기록.

> **옥인玉人 : 무인巫人 조상. 큰 무당. 신무神巫.**

＊ 서림徐琳 :

〈三尊"紅山玉人"像解析〉
[수장가]2010년제4기.
[중국사회과학보]

이 석 점의 옥인이 표현한 것은 한 부류의 사람, 바로 홍산시기의 무당의 형상으로서 무당이 神社를 행할 때 다른 상태 아래서 표현한 것이다.

＊ 주효정周曉晶 :

[중국옥학옥문화 제4계
학술연토회] 2004.5.
18-20.

"옥인玉人은 무인巫人 조상을 조각한 것이다. 그 묘 주인은 살아있는 무인을 거느리고, 죽은 선조의 무인의 옥 조각을 패용하고, 무인의 영혼에게 신사神事를 진행할 수 있도록 보호와 협조를 기원하는 것이다."

요녕성박물관 〈紅山文化動物形和人形玉器研究〉 대련대학

＊ 양백달 〈巫·玉·神简论〉 2006.11.8

중국문물학회 옥기연구
위원회 Http://www.
chinajades.cc/

옥신인 : 제사권 장악, 신권 통치 시작. 전욱顓頊 "절지통천絶地通天".

홍산문화, 양저문화 묘 가운데 큰 무당 매장 묘는 절대로 일반 신사神事의 무격巫覡이 아니고, 한 부락연맹을 장악하거나, 추장 조직의 정치, 경제, 종족, 군사 및 神事 등 5대 권력을 한꺼번에 장악한 큰 무당 혹

은 신무神巫로써 문헌에 기재된 帝 顓頊의 "절지통천绝地天通" 그 시대나
혹은 그 후의 무격 권력의 극성시기와 닮았다.

전욱顓頊의 "절지통천绝地天通" : 제사장 등장.

중국 고대 황제黃帝의 손자로, [史記] 五帝本紀에 의하면 전욱은 민간
인들이 신과 관련되는 것을 싫어해서, 증손 중重, 여黎에 명하여, 하늘과
통하는 길을 막아버리고, 신과 인간과의 차별을 두었다. 이것은 제한된
계급만 제사권을 장악하는 것을 의미하고 있는 것으로, 그 의미에서 전
욱은 신권통치의 선구인 것이다.

무巫, 옥玉,신神 상호통합작용

무, 옥, 신의 개별적 분석 연구를 통해 삼자가 하나의 수직적 상호관
계(무옥신 상호관련도)를 어렵지 않게 발견할 수 있었던 것이다. 삼자의 관
계는 무격巫覡 핵심적으로 주재했다. 무격은 선사시대 모계 씨족사회
후기에서 부계사회로 변하는 과정에 따라 종교, 정치, 군사등 대권을
착취하여, 통치 핵심과 사회 금자탑 상의 한 결정을 이룩했던 것이다.

옥신인 : 막대형. 기도하는 모습

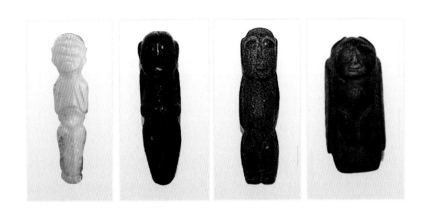

* 곰관 옥신인 : 영국 켐브리지대학 피츠윌리엄박물관 소장.

徐琳〈三尊"红山玉人"像解析〉2010.2.16 [수장가]2010년제4기([중국사회과학보])

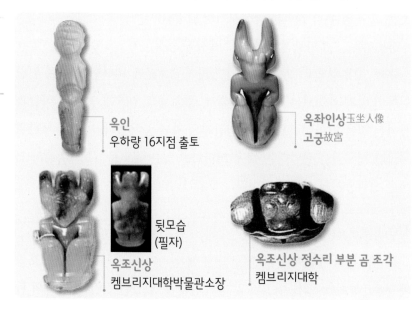

옥인
우하량 16지점 출토

옥좌인상玉坐人像
고궁故宮

뒷모습
(필자)

옥조신상
켐브리지대학박물관소장

옥조신상 정수리 부분 곰 조각
켐브리지대학

고궁박물관 http://www.dpm.org.cn/.

곰은 홍산 사회에서 매우 중요한 지위를 차지하고 있으며, 홍산문화 2호와 4호 적석총 묘지에서는 전에 곰의 아래 턱뼈가 출토된 적이 있어서 곰을 숭배하는 습속의 유래가 오래 되었음을 설명해 주고 있다. 곰 숭배 또한 동북 어렵민족이 갖고 있는 특유한 습속이다. 홍산문화는 곰을 주요한 숭배대상으로 삼았고, 옥기가 출토된 지역 특색과 아주 잘 어울린다. 다만 켐브리지대학 박물관에서 소장 중인 이 옥좌인이 머리에 이고 있는 것은, 그저 단순한 곰관(熊冠)이 아니라, 곰 머리가 딸린 곰 가죽을 두른 것이라고 나는 이해한다. 곰 머리를 관모 형태로 만들었고, 옥인의 정면 얼굴 부위는 확실하게 인면과 곰 모자의 경계선을 볼 수 있다. 뒤에서 보면, 곰 머리와 몸체의 치마가 연결되어 있는, 다만 몸체 위에 통 곰 가죽을 몸에 두르고 있는 이런 옥차림이라는 것이다. 그러므로 이 옥기는 여전히 인간이 주체로서, 한 벌의 곰 가죽을 두른 사람이라고 할 수 있다. 인물 본체는 여전히 고궁 소장품 및 우하량에서 출토된 것과 같은 나신의 옥인상이다.

* 옥신인 : 흑피옥문화 공식 보도.

  중국국가박물관연구원 雷從云.

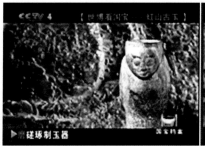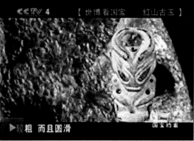

〈世博看国宝红山古玉,
国宝档案〉중국
[CCTV-4]. 2010.8.17.

민족 대이동

홍산문화 적봉시 암각화－한국형 암각화－미주, 멕시코 지역.

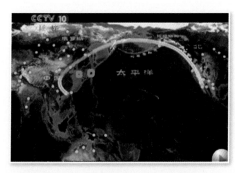

<인면 암각화의 수수께끼> 상
중국[CCTV-10]. 2011.5.5
5000년전-4000년 전
중국 송요량宋耀良(하버드대)교수

한민족대이동
(3000년전-1000년전)
한국 손성태(배재대)교수

* 인면암각화 :

홍산문화 적봉시 암각화 – 한국형 암각화 – 미주, 멕시코 지역

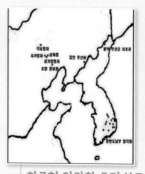 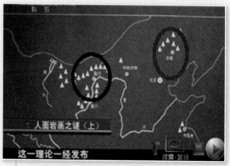

한국형 암각화 유적 분포도
한국학진흥사업단 2008.9

<인면 암각화의 수수께끼> 상
중국[CCTV-10]. 2011.5.5

* 옥신인

두만강 골제 인물상 – 우하량 여신상 – 반구대 암각화 인면상

이형구[한국고대사의비밀] 128-129쪽, 김영사, 2004,7.

우하량 여신상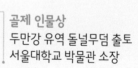

골제 인물상
두만강 유역 돌널무덤 출토
서울대학교 박물관 소장

인면상人面像과 모사도 얼굴크기
울주군 대곡리 반구대암각화
14.5cm

남녀 옥신인神人

* **옥관 여신인**女神人 : 부족의 우두머리.

* **옥조 여신인** : 새 토템 부족, 신화와 전설 주인공.

　머리에 새를 얹고 있는 이 여신상은, 우리들한테 이런 신화 전설을 떠오르게 하고, 고문헌[습유기]가운데 이런 고사가 한 가지 있다 : 소호는 금덕왕으로, 모는 황아이고, 궁 밖에서 놀다가 밤에는 베를 짰고, 혹은 뗏목을 타고, 낮에는 돌아다녔고,--상창 포구를 지날 때, 신동이 있었는데 용모가 준수했고 백제白帝의 아들 즉 태백의 정수로, 물가에 내려와 황아와 더불어 연희를 즐겼다---제자와 황아는 바다 위를 떠다녔고, 계수나무 가지로 표시를 삼았고, 향초를 깃발로 맺었고, 옥으로 비둘기를 만들어, 표를 받들도록 놓아두었다 비둘기는 사시를 안다고 말했고---이어서 황아는 소호를 낳았고, 호를 궁상씨, 또 상구씨라고도 한다---시절에 오봉이 있어, 지방의 색에 따라, 帝庭에 모였고, 이로 인해 鳳鳥氏라고 한다.

진일민 진앵[흑피옥기풍운록] 156쪽. 상해대학 출판사, 2011.5.

* 옥 여신인女神人 :

* 임신한 여인

* 옥조관 신인 : 새 토템 부족 우두머리.

H38.8 6쪽   [흑피옥] H19 6쪽   [흑피옥] H30. 37쪽

* 옥돼지관 남신인 : 돼지 토템 부족 우두머리.

돼지꿈꾸는 남자
/H24 39쪽
[흑피옥]

* 옥신인관 : 소 토템 부족 우두머리.

큰코뿔소와 인면 새끼소
H26

소와 옥신인
H24.5

* 옥구관 신인 : 거북 토템 부족 우두머리.

조양일보朝阳日报 2010, 4, 22.

곽말약선생은 이것은 헌원軒轅 천원天黿으로, 천원은 헌원, 모두 거북을 가르키고, 신구神龜로 규정하고 황제족의 원시토템이라고 해석했다.

뢰광진雷广臻(조양사범고등전과학교) 교수 〈홍산문화와 황제문화의 관계〉

* 옥관 남신인男神人 : 부족 우두머리.

상투관 쓴 귀 큰 노인
[흑피옥]
H18.8. 71쪽, 68쪽

* 우인羽人

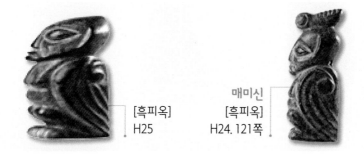

[흑피옥]
H25

매미신
[흑피옥]
H24. 121쪽

* 둥근 관을 쓴 남신

* 쌍뿔관 남신. 큰관 남신.

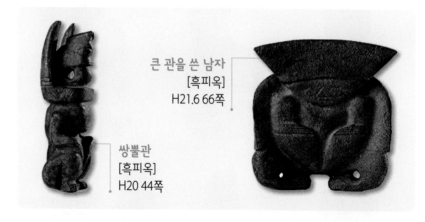

큰 관을 쓴 남자
[흑피옥]
H21.6 66쪽

쌍뿔관
[흑피옥]
H20 44쪽

* 옥룡관 남신 : 옥수형 결 관을 쓴 남신(옆).

* 옥 남신인男神人

* 옥인수신상玉人獸神像 : 홍산문화 – 흑피옥문화 – 양저문화.

[북경고궁박물원] : 홍산
문화 옥인수신상玉人兽
神像

홍산문화 27.7cm   양저문화 신인수면문神人獸面紋

　　청록색 옥, 등쪽에 흙 얼룩이 옥기 위에 붙어 있다. 부분 투조한 한 사
람과 한 마리 짐승의 복합체로 위는 사람, 아래는 짐승으로 되어 있다.
神人은 머리에 구운형의 높은 관을 썼고, 신체 양쪽에는 구름 장식을 둘
렀고, 오관이 선명하고, 삼각형 코는 튀어 나왔고, 입고 있는 옷의 어깨
부분과 등 뒤는 그물무늬로 장식되어 있다. 神人은 두 손을 가슴 앞으
로 모아서 지팡이 형 물체를 손으로 쥐고 있고, 맨발로 활형 뿔 모양의
형체를 밟고 있다. 뿔 밑에 한 마리 짐승이 있고, 곰과 비슷하고, 엎드려
항복하는 형태이고 두 앞발을 내밀고 있다. 옥 조각 뒷 면은 정면 문양
의 다른 면으로 그물 무늬와 도랑 형태의 구운형 문양으로 장식되어 있
다.

이 옥인수상은 20세기 60년대 초, 천진에서 북경으로 옮겨졌고, 1963년 고궁박물관에 소장되었다. 최근, 동북지방 홍산문화의 고고 발굴에 따라, 세인들 앞에 놓여진 대량의 홍산문화 옥기를 통해 표준 옥기를 감정할 수 있도록 제공했다. 이 옥인수신상은 그 세부 문양의 특징은 홍산문화의 범주를 벗어나지 않았으며, 박물관에 비교적 빨리 소장되어 더욱 더 많은 증거가 홍산문화 옥기인 것을 나타내고 있다. 다만 옥 조각상 구도의 복잡성은 본적이 없는 것으로, 마땅히 현존하는 홍산문화 가운데 최고등급의 옥기다.

일두다면－頭多面 : 흑피옥문화-[산해경]-은殷

* **일두양면 신인 : 흑피옥 문화 양두일체 男女一頭雙面玉神人 20cm**

* **일두사면－頭四面 신인(황제 신화 관련)**

[흑피옥]35쪽 H20

이쇄청李鎖淸 : 황제黃帝, 일두사면一頭四面

[中國歷史未解之謎] 12쪽, 광명일보출판사, 2004,1. 중국

황제는 신화전설 가운데 번개의 신이고, 후일 일어나서 중앙의 황제가 되었다. 그는 네 면의 얼굴을 갖고 있어 동시에 동서남북 사방을 능히 볼 수 있다고 전한다.

* **일두다면**一頭多面 : [산해경]. 은殷 남녀 일두 양면(부호묘妇好墓출토. 1976년).

삼수국三首國
[산해경]
<해외남경>
음양인

음양일두쌍면 옥신인   12.5x1cm

* 두 개의 얼굴을 가진 헤르메스.

켐브리지대학 피츠윌리엄박물관
Fitzwilliam Museum, Cambridge.
http://www-cm.fitzmuseum.cam.ac.uk/

독일 베를린 페르가몬 박물관
세네카의 흉상(3세기 작품)
[한겨레] 2011.8.20.

* 일두양면 야누스(Janus) 신화.

바티칸 박물관

'재뉴어리January'는 영어로 1월을 가리키는데 라틴어 야누아리우스 Januarius에서 나왔다. 야누스Janus는 로마 신화에서 문門의 신(god of gates, door keeper), 또는 시작과 종말(beginnings and endings)의 신인데, 반대 방향을 향하고 있는 두 개의 얼굴을 가진 존재로 그려진다.

신석기 시대 옥문화 : 홍산문화, 능가탄문화, 양저문화, 석가하문화

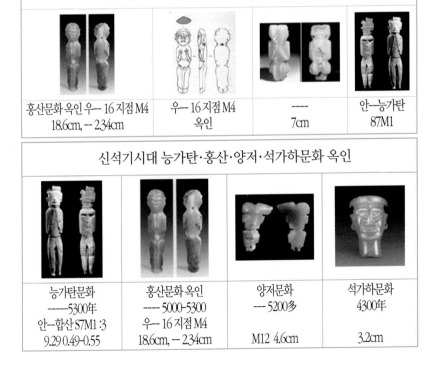

신석기시대 홍산·능가탄·양저·석가하문화 옥인			
홍산문화 옥인 우-- 16 지점 M4 18.6cm, -- 2.34cm	우-- 16 지점 M4 옥인	---- 7cm	안--능가탄 87M1
신석기시대 능가탄·홍산·양저·석가하문화 옥인			
능가탄문화 -----5300年 안--합산 S7M1 :3 9.29 0.49-0.55	홍산문화 옥인 ---- 5000-5300 우-- 16 지점 M4 18.6cm, -- 2.34cm	양저문화 -- 5200多 M12 4.6cm	석가하문화 4300年 3.2cm

〈中國新石器時代玉人形紋創意設計-藝術,文化,社會跨域思索〉65-78쪽.
[대만통식교육여과역연구] 제7기 2009,12.
(65-78쪽), 南華大學.

* 江美英 : 홍산문화 옥인(18.6cm), 신석기 시대 옥인 가운데 으뜸.

　홍산문화 옥인 높이 18.6cm, 두께 2.34cm, 크기는 현재 출토된 신석기 시대 옥인 가운데, 능가탄凌家灘 문화 7.7cm－10cm, 양저良渚 5.5cm, 석가하石家河 옥인수 人首 평균 2－4cm 들과 비교해 보더라도 고르게 두껍고 제일 크다. 옥 재료의 뛰어남도 역시 신석기 시대 옥인 가운데 으뜸이다. 이 묘는 당시 홍산문화 최고층의 묘장으로 함께 나온 대봉황 등도 모두 처음 출토된 경탄할 만한 기물이다.

〈玉雕人物〉 2007.7.17

* 고방古方 : 옥 인물상, 발견된 것 10여 점 불과.

　중국조소 인물상은 유구한 역사를 갖고 있으며, 빠르게는 지금으로부터 7000여 년 전 황하 유역과 장강유역 선사시대 일부 유적 가운데 조소 인물상이 발견되었다. 선사시대 조소 인물상의 재료로는 도기, 뼈, 돌, 옥 등이고 예로서 가장 이른 석조 인물상의 출토는 지금으로부터 8000년 전 내몽고 오한기 홍륭와 유적지에서 출토되었다. 옥으로 만든 인물상은 비교적 적고, 지금까지 발견된 것은 10점에 불과하다. [중국 문물학회 옥기연구위원회]

[中國古玉價値評] 22쪽, 遠方出版社.

* 장굉명張宏明 : 대만 비남卑南 문화(4000-2000년전)

  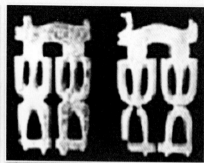

비남문화　　　비남문화　　　대만 병동구랍屛東裘拉
6.6x3.3　　　　6.8x2.8　　　　6.5cm

* 은殷 : 옥 신인.

멕시코 라벤타 출토, BC900-400년.

옥신인
멕시코 라벤타 硃砂玉人
(거울을 들고 기도하는 모습).

가슴에 두손을 잡고 있는
도끼 모양 옥신인
기원전 300년 전-서기 300년

(2) 성 숭배 : 생식기 숭배 – 성교 숭배

성교 인물상 : 사람–동물(人与兽), 사람–새(人与鸟), 사람–곤충(人与昆虫)

졸고 〈신석기시대 옥기문
화와 인물형 옥인玉人〉
[국학원] 2011.11.07.

선사시대 인류는 생식에 대해 정확한 인식이 없었고, 여자의 생식능
력은 천부적인 것으로 초기의 인류사회에 있어서 모계사회 형성을 당
연한 것으로 받아들였다. 따라서 인류 민족기원 전설 가운데는 오직 여
성을 조상으로 여기는 것만 보이고, 남성을 조상으로 한 것은 보이지
않는 것은 이런 때문이다. 당시 흑피옥문화(홍산문화 포함)인들은 성, 성
기관, 성교에 대해 무한한 경외심을 갖고, 서로 얽힌 가운데 적극적인

숭배로 변화되었다. 따라서 흑피옥문화 시대 옥 조각 가운데 인물상은 신이 인간에게 준 생식의 능력과 여성의 육체적 아름다움을 표현하고 있다. 남여의 성적교합은 상당히 중요한 사회적 대상이었다. 신석기 시대 예술 가운데 허다한 조형은 신이 인간에게 준 생식의 능력과 기타 신력을 표현하고 있다. 인신의 교합은 비교적 중요한 예술주제였다. 여자 무당이 왕왕 이런 의식의 실천자였던 것이다.

교천喬遷[예술여생명정신藝術與生命精神]57쪽, 河北교육출판사, 2006.10.

 * 성, 성기관, 성교에 대해 무한한 경외심을 갖고, 서로 얽힌 가운데 적극적인 숭배로 변화되었다. 성교의 결과는 생식으로서, 성 숭배의 일부분 가운데 성이 가져다주는 희열의 추구를 포함하고, 다른 한편으로 생식의 추구 역시 성 또는 생식기에 의존하면서 발생하는 것이기 때문에 성 숭배와 생식기 숭배, 생식 숭배는 모두 내면적으로 연계되어 있다. 당연히 생식 숭배, 생식기 숭배를 막론하고, 성 숭배는 모두다 역시 원시시대의 신과 상관된다. 신이 생식 능력을 부여하고, 신이 부여한 생식기는 생식과 쾌감의 기능을 가져다주었다.

* 생식 숭배

　생식 숭배 암각화 : 홍산문화 후기 – 소하연문화.

[중국신문망中國新聞網] 2013.10.3.

　내몽고 적봉시 옥우특기 대흑산에서 6개 형태의 생식숭배 암각화를 발견했다. 측정결과 홍산문화 후기에서 소하연문화 시기에 속한다.

생식숭배 암각화
내몽고 발견

* 여 생식기 숭배 : .

독수리 여생식기

* 옥벽 : 여 생식기 숭배.

진일민[홍산옥기] 127-8
쪽, 상해대학출판사,
2004,4.

쌍련벽 흑룡강 亞布力 출토

쌍련벽 우하량 8자형 옥벽

* 생식기 숭배 : 남근

남근 작⊃
서주 후기—춘추초기 길이 20cm.
내몽고 영성寧城 남산근南山根출토. 적봉시 박물관

* 진일민 교수 : 생식기 숭배, 남성 생식기(원시종교)

[흑피옥풍운록] 70쪽,
상해대학출판사,2011.5.

적봉시 문물전문가
소국전邵国田
흑색 巴林石. 높이10cm.

〈흑피옥기黑皮玉器 – 인류 상고시대 문명의 토템人類遠古文明的圖騰〉

홍산문화학술원 제2회
국제학술발표대회,
2014.4.22. 서울.

　이런 형상을 창조한 사회는 유목부락 시기로서 그들은 혹 모계사회 단계에 속한 인물형 조각 가운데 성기관의 돌출된 표현은 이들 부락이 자신의 번영과 부락의 장대하고 절박한 소망에 대한 사실적 기록으로서, 허다한 여성 형상의 흑피옥기도 이러한 추론을 지탱해주고 있다.

* 상형 갑골문자 씨氏 : 남근 생식기 숭배.

　남근 회의會意문자 사람의, 남근을 뜻함(從人, 爲男根意)

　중국의 교천喬遷은[예술과생명정신] : 상형 갑골문자 祖, 且, 匕.

[藝術與生命精神] 56쪽,
河北 교육출판사,
2006.10.

　"곽말약郭沫若은 〈釋祖妣(석조비)〉 ([甲骨文研究]인 민출판사, 1952년) 가운데, 문자학적 입장에서, "조비祖妣"와 생식 숭배 관계를 고증했다. 그는 "비妣", 원래 "비匕"는 여자 생식기의 상형자이고, "조祖"의 형태 "차且"는 남근의 상형자이다. 그는 상고 이래 비조妣祖숭배는 하나의 중요한 역사적 사실 즉 중국 상고시대 여자 음부와 남근 숭배를 반영했고, 이로부터 여성과 남성 조상에 대한 숭배로부터 발전한 것을 증명했다"고 인용하고 있다.

* 성교 숭배 : 신화 주인공(여인+뱀 설화의 근원).

졸저 [흑피옥]131-132쪽
참조

4 옥 문화 문자

[1] 문자 : 신석기시대 주요 옥 문화

흑피옥

소하연

홍산

능가탄

양저

도사

□ 옥 토템 : 집단의 표식과 상징, 식별, 구분의 역할 문자 기원 관계.

조수충어鳥獸蟲魚 → 족휘(옥기,청동기) → 도형문자 → 국족 호칭

* **곽말약**郭沫若 : 족휘族徽, 후세 문자 발전관계.

도형문자의 고대 국족國族의 명칭은, 대개 소위 토템의 자손이거나 변한 것이다. 도형문자를 문자의 성질을 갖춘 것으로 보았다. 대개 조수충어의 도형문자는 반드시 고대 민족 토템이나 그 자손으로, 조수충어의 형태가 아닌 것은 토템이 변한 것이고, 거의 이미 상당히 진보된 문화로서 원시영역의 족휘를 벗어난 것이다.

토템의 개념은 족휘와 근접하고, 족휘의 명문상 사용으로부터 실제 상황을 살펴보면 토템으로 해석하는 것이 적당하다. 그러나 곽은 또 갑골문과 자형을 대응시켜 예를 들어 금문 천원天黿 아추亞醜, 아기亞其 등의 족휘는 역시 호칭의 소속을 알 수 있는 명칭으로 확실한 문자이다. 사실상, 자형으로부터 현재 갑골문 금문의 연구 기초로부터 판단해보면 허다한 족휘들은 확실하게 모두 읽어보면 소리와 뜻이 나온다. 현재 이해하고 있는 2백여 족휘를 보면 이러한 예는 80여 개이고, 이것은 족휘의 형태와 후세 문자로서의 발전관계가 없다면 불가능한 것이다.

<은이명중도형문자지일해殷彝銘中圖形文字之一解)4쪽, [股周青銅器銘文研究]권1. 북경인민출판사, 1954.8

* **여응종**呂應鐘 〈반인반수半人半獸〉 [台灣時報] 1981.9.12

토템 표식 혹은 토템 휘호는 바로 토템 형상을 집단의 표식과 상징으로 삼는다. 그것은 중국 역사상 최초의 사회 조직의 표식과 상징으로, 식별과 구분의 역할을 갖추고 있다. 토템 표식과 중국 문자 기원은 관계가 있다.

* **양백달**杨伯达 巫·玉·神简论 2006.11.8

무巫자의 갑골문의 구조를 보면, 옥과의 밀접한 관계를 엿볼 수 있다. 은허 갑골문 무巫자는, 쌍옥을 교차시킨 형태로 만들어졌다. 당란선생이 [저초문诅楚文]에 근거해서 무巫자를 밝힌 것은, 아마 무巫가 옥을 사용했던 신사神事의 초기 상형문자일 것이다.

중국문물학회 옥기연구위원회 http://www.chinajades.cc/

(1) 도편 문자 :

□ 황하유역 : 석가하石家河문화(양자강 유역) 도문 발견.

〈한자탐원汉字探源〉国宝档案, 중국[CCTV-4]
2011,10,17.

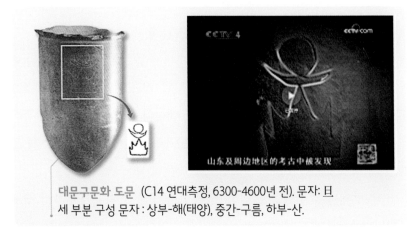

대문구문화 도문 (C14 연대측정, 6300-4600년 전). 문자: 旦
세 부분 구성 문자 : 상부-해(태양), 중간-구름, 하부-산.

* 대문구문화=석가하문화=안휘 몽성 위지사 도문

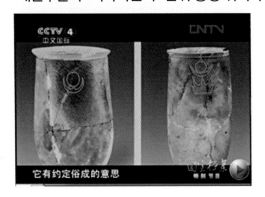

* 용산문화 : 산동 추평鄒平 정공丁公 각화부호 도편.

산동 창락현 골각문 동이문자(4000-4500년전)

* 이학근李學勤(청화대)교수 : 정식문자.

　이 문자의 형태를 각 분야에서 보면, 왜냐하면 이 문자가 원래 쓰는 순서가 있고, 현미경으로 보면 오른 손잡이가 계획적으로 세긴 것으로 순서가 명확한 것을 알 수 있기 때문이다. 이밖에는 다른 의미로 설명할 수 없다.

* 유봉군劉凤殮교수(산동미술대학고고연구소) : 골각문(산동 용산문화 중 후기)

　소(견갑골, 늑골), 사슴 뼈, 코끼리 뼈. 약 4000-4500년 전.

　동이문자(초기도화상형문자)

* 영하寧夏 하란산賀蘭山 : 문자 암각화

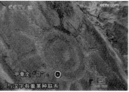

[遠古的聲音]CCTV10
探索·發現 2009.7.3

영하寧夏 **중위**中衛 **대맥지**大麥地

* 도사陶寺문화 : 왕진중(중국사회과학원) : 5천년전-4천년전 문자 등장. 문명사회 진입.

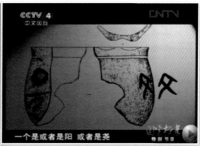

주서편호朱書片壺
산서성

[山西晚報] 2010년 7월 29일

* 하노何駑중국사회과학원산서고고대 : 도사문화 : 문명사회 진입. 국가 사회.

하노대장은 문명 형성의 핵심 표지를 고고학적으로 체현해 놓은 것은 국가 수도의 존재를 증명하는 것이라고 소개했다. 국가의 수도는 마땅히 궁전구, 왕릉구, 성벽, 대형의례 건축구, 관영수공업 생산구역, 보통 주민거주 지역, 왕권이 통제하는 대형 창고 등으로, "산서 도사 유적지는 상술한 기능 구역 요소를 갖추고 있다. 4200년 전 도사陶寺 사회조직은 이미 국가단계에 진입했다."

하노는 기자에게 말하기를, 문자, 금속기, 궁전은 모두 문명생활 방식의 정신과 물질방면의 표상이며, "문명의 구성요소이다."라고 했다.

그는 도사 유적지에서 출토된 3점의 보물을 중점적으로 소개했다.

"이 세가지 대형 증거는 중화문명을 500년 끌어올리는 것을 증명해주는 매우 중요한 의의를 갖추고 있다".

삼종 보물 1. 채회 용반 2. 홍동령紅銅鈴(청동기술) 3. 주서편호

양자강 유역

* 양저문화 : 오현 청호 출토. 네 글자.

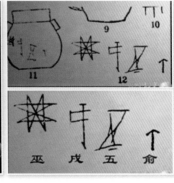

적봉시 오한기 홍산문화 : 四家子鎭草帽山 피라미드.

주거지
1991년 발굴 부분

재구덩이
제2지점,
2001년 발굴현장
2호묘

관을 쓴 석조 인물상
(홍산문화).
초모산출토
오한기 박물관 소장

"米"자형 도편 홍산문화 유적지 2009.11.1.

〈오천 넌이전의 문명〉제
5집. 일출홍산日出红山
중국[CCTV-9].
2011.6.18.

* 적봉시 오한기 홍산문화 : 사가자 피라미드(석조 30x15m)

요녕성의 고고학 연구센터의 유명한 중국 고고학자 곽대순에 의하면 이 피라미드고분은 지금부터 5000년~6000년 전 홍산문명 시대의 것이라고 말한다. 일곱 개의 무덤과 제단의 유적들이 피라미드 꼭대기에서 발견되었고 제사단이 있던 자리에서는 한문 쌀 미米자 형태의 그림이 새겨진 도자기조각이 발견되었다. 고고학자들은 쌀 미米자 형태의 그림은 고대인들이 천문天文을 익히기 위한 것이라 말했다. 고분의 하나에서 고고학자들은 뼈로 만든 피리와 돌 반지를 찾았고 다른 고분에서는 사람의 크기만한 여신상女神像조각이 새겨진 돌을 발굴했다. 고고학자들은 무덤의 벽에 새겨진 현재 힌두교의 시바신과 비슷한 상징으로 남근상을 찾고 놀랐으며 벽에 새겨진 현재 힌두교의 시바신과 비슷한 상징 밑에 여신女神들이 있는 작은 돌 조각상을 찾았다.

〈내몽골에 5000년 된 피
라미드고분〉[人民日報]
2001.7.9.

[발해연안에서 찾은 한국고대문화의 비밀] 134쪽. 김영사, 2007,12

* 요녕성 여대시 윤가촌 :

이형구 교수 : 고조선 문자 토기 고배高杯. 관직명, 인명(두 자 연결 문자).

고조선시대 문자 토기 고배高杯와 문자, 문자탁본 : 관직명이나 인명 가능성. 지금의 요녕성 여대시 윤가촌 제12호 무덤에서 나온 문자가 있는 토기. 굽접시 모양의 고배高杯의 접시 부분 밖에 두 자의 문자가 새겨져 있다.

연대는 기원전 5-4세기 경. 토기의 높이 16cm, 입지름 16.3cm.

(2) 부호 문자 :

소하연문화 부호문자 도기 발견(4900년전)

* 복기대 교수 : 기원전 24세기 전후(적봉 지역) 〈小河沿문화에 관하여〉

문화층위

하가점하층문화층
기원전 24세기 전후
소하연문화층
기원전 30세기
홍산문화층

	적봉 지역	적봉 이외 지역
	하가점하층문화	하가점하층문화
	소하연문화	
	홍산문화	홍산문화

홍산문화→소하연문화→하가점하층문화로 이어지는 경우는 지역적으로 적봉지역을 중심으로 많이 나타나는 현상이고, 홍산문화 하가점하층문화로 이어지는 경우는 앞서 말한 적봉지역을 벗어난 지역에서 많이 나타나는 현상이다.

부호 : 소하연문화의 그릇에서는 부호들이 발견되었다. 이것은 단순한 개별 부호가 아니라 변별적 구조를 갖는 형태이다.

 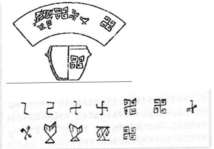

[단군학연구] 제21호, 2007

* 유빙劉冰(적봉시박물관장) : 초기 상형문자 = 서화동원書畵同源

석붕산石棚山 원시 도문 최초에는 하가점 하층문화를 거쳤고, 나중에는 상商 선조와 함께 남천했으며, 약 천 년의 진화를 거치고 난 후, 결국에는 상대 계통의 갑골문과 금문金文을 형성했다.

원시제문 석붕산 적봉시 이북 30km.

"織, 豆, 田;窯, 窯, 窯, 豆".

* 진혜陳惠〈내몽고 옹우특기 석붕산 도문시역內蒙古翁牛特石棚山陶文試釋〉

[文物春秋] 1992

4900년 전 내몽고 적봉시 옹우특기 석붕산石棚山 도자기 부호문자 (사슴 그림과 섞여서 출현) 그 중 한 도기에만 7글자의 부호가 나왔는데, 부호로선 田, 卍 이외에 飛, 燕, 己, 乙 등의 고어체가 있다. 卍形 글자: 白翟의 部族 族徽

* 복기대 : 원시문자 사용 가능성, 문자출현 가능성 〈小河沿문화에 관하여〉

[단군학연구]제21호, 2007

부호 : 이것들이 어떠한 의미를 갖는지는 아직 밝혀지지 않았다. 그렇지만 한 형태의 부호가 다른 곳에서도 나타나는 것을 볼 때, 어떤 의미를 가진 표식으로 보는 것이 타당할 것으로 본다. 그 중 산과 해를 표현

하는 형태는 소하연문화 뿐만 아니라 산동성山東省 대문구문화에서 나타나는 것과 유사한 것을 볼 수 있다. 앞으로 많은 연구가 필요한 부분이라 생각한다.

이(소하연) 문화에서 주의하여 연구해 볼 것이 문자의 출현 가능성이다. 글쓴이는 위에서 부호로 추정되는 것을 몇 가지 제시하였다. 이것들 중에는 반복되는 것들도 있다. 그리고 타 지역과 공유되는 현상도 보이는데, 이것은 어떤 형태로든지 의사소통을 위한 방편으로 생각된다. 그렇다면 이 문화 시기에 원시문자가 사용되기 시작했을 가능성이 매우 높다고 봐야 할 것이다. 앞으로 계속 연구가 되어야 하겠지만 만약 소하연문화에서 형상의 표현방법이 나타났다고 한다면 이는 문자 연구에도 큰 돌파구가 될 것으로 본다.

* 일본 : 소하연문화 – 하가점하층문화, 상하 중복 흔적 발견 부정.

갑원진지甲元眞之〈기후변동과고고학気候動と考古学[문학부논총]97, 熊本大学 2008.3.7. 일본.

내몽고 동남부로부터 요녕성 서부지역의 이 시기는 소하연문화로부터 하가점하층문화로 변화하는 시기에 해당한다. 그러나 소하연문화와 하가점하층문화가 상하로 중복된 흔적이 거의 없어서, 유적의 구체적인 모습으로부터, 환경변화를 파악하기는 곤란하다.

하가점 하층문화 : 기원전 24세기 전후.

과학실험 결과 : 체질인류학적 분석. 종족 구분.

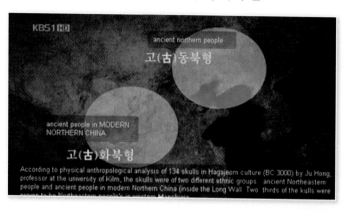

* 한국 복기대(국제 뇌 교육 종합 대학원 대학교 국학과)교수 :

요서지역 고대인들의 60% 이상이 우리민족과 친연성 있는 고 동북형. 요서지역의 고대문화는 한국의 선조들이, 한국의 민족 계통이 건설한 것으로 봐야 될 것이 맞는 것 같습니다."

* 중국 길림대학 주홍朱泓 : 하가점하층문화 유골(134점:5000년전)

하가점 하층문화에서 나온 134개의 인골의 체질인류학적 분석을 시도했다. 연구결과 크게 두 개의 종족으로 나누어졌는데 요하문명 일대의 고古동북형이 3분의 2 이상 차지하는 것으로 나타났다.

* 일인독존 무인巫人(5500-7500년전) : 우하량 제1지점 중심대묘

제1지점 중심대묘

제5지점 1호총 중심대묘

곽대순〈紅山文化的"唯玉爲葬"與遼河文明起源特征再認識〉[문물]1997년 제8기.

* 복기대 : 구운형 옥패(홍산문화) : 하가점하층문화 도철문 유래.

홍산문화는 옥기가 매우 발전한 문화이다. 이 옥기 가운데 짐승을 표현한 것 중 상징을 표현한 것이 있다. 기 기물의 중심부에 새겨진 형태를 보면 짐승의 얼굴로 볼 수 있는 표현이 있다. 이것들은 비교적 간단하게 새겨져 있다. 표정을 보면 엄숙한 것보다는 여러 형태의 표현이 나타나 있다. 이것을 하가점하층문화의 채회도에 나타난 표현과 비교해 보면 하가점하층문화의 문양이 약간 엄숙해진 것을 볼 수 있다. 그렇지만 두 문화에서 기본적인 틀은 매우 유사하다. 따라서 두 기물의 공통점으로 미루어볼 때 하가점하층문화의 도철문은 홍산문화에서 온 것임을 알 수 있다.

[문화사학]제27호, 2007

복기대 〈홍산문화와 하
가점하층문화의 연관성
에 관한 시론〉 [문화사
학] 제27호.

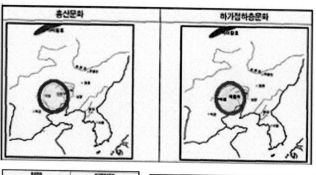

홍산문화 및
하가점하층문화
분포도

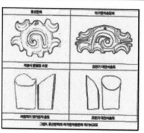
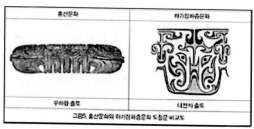

하가점 하층문화 홍산문화 연관성(석성, 옥고, 구운형 옥패, 도철문)

* **하가점하층문화 : 三座店 석성 도편문자 성숙한 문자부호(4000-3400년 전).**

내몽고 문물고고연구소
곽치중郭治中 문자부호
(상형부호)

아래 "기안" 상형부호,
윗 부분 "과鍋" 상형부호.

아래 "기안" 상형부호,
윗 부분 "자柴" 상형부호.

(3) 명문 옥검과 문자 암각화

> 문자 암각화 : 부족 수령이나 큰 무당이 만든 것

* 암각화 문자부호의 출현은 틀림없이 그 지역 부족의 수령이나 큰
무당이 만든 것이다. 많은 지방에서 반복적으로 초기 무巫 자 부호가 출
현하고 있는 것은 일종의 단순한 반복이 아니라, 그것은 동일 시기, 다
른 지역, 공존하는 무술행위였던 것이다. 초기 무巫 자 형상은 신석기
시대 홍산문화에서 출현하는 옥선기玉璇璣와 매우 흡사하다. 그것은 마
치 훗날 사람들이 선사시대 무巫자 부호를 해독할 수 있도록 창문을 제
공하고 있는 것과 같다. 선기璇璣 골격은 십자부호의 재현이고, 둥근 머
리 십자와 머리의 둥근 것은 모두 일종의 생동적인 체현이다.

* 오갑재(내몽고옹우특기 인문역사연구소) : 소하연 문화(5500-4200
  년전)

내몽고 적봉시 옹우특기 인문역사연구소 연구원 뫛甲才는 일전 회의
에서 옹우특기 高日蘇 大黑山에서 발견된 원시 문자부호가 그려진 암각
화에 여기에 9년이라는 시간을 들여, 백여 곳의 산에서 40여 곳, 천 폭
의 암각화 가운데 한 점을 전시했다.

신화사는 이들 암각화에는 상하가 연관되었거나, 단독으로 원시 문
자부호가 새겨진 약 400여 폭이 있었다. 오갑재는 금번 전시된 암각화
는 홍산문화 후기에 속하는 소하연문화 시기에 이르는, 지금으로부터
5500년 전부터 4200년 전의 역사이다.

대흑산 암각화 문자 중
국 최초 문자 가능성
2008.9.2.

 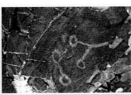 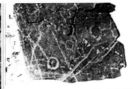

적봉시 옹우특기 대흑산

명문 옥검 : 새(봉황)토템. 권위 상징

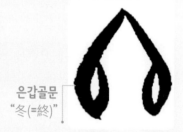

옥검 양면 각 2자
아래 부분 "冬=終"
흑피옥문화

은갑골문
"冬(=終)"

은 갑골문 "冬"자형 옥관玉冠 장식
(양자강 유역 능가탄문화).
투섬석옥

* **명문 옥검** : 소 자루 명문 옥검(일정한 제작 양식).

* **봉황 자루 명문 옥검** (約 20cm X 5cm). 은 갑골문 "冬(=終)"

* 명문 옥검 : 은 갑골문 =고조선 〈천부경〉일부문자

[중부매일] 2007.7.11

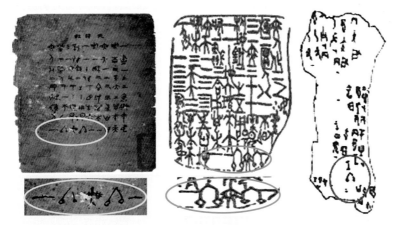

묘향산 바위 암각 탁본   고려말 農隱 閔安富遺集

* 견갑형동기 肩甲形銅器

한국 미의 재발견-선사
유물과 유적, 2003.6.25,
솔출판사

심양 정가와자
6512호묘 출토유물
견갑형동기
(부분 확대)

견갑형동기 傳
경주 출토, 길이 23.8㎝, 도쿄국립박물관 소장.

　* 이 청동기는 광복 전 우리나라에 살았던 일본인 오구라(小倉武之助)
의 수집품이었으나 현재는 일본 동경국립박물관에 기증, 보관되어 일
본 중요 미술품으로 지정되어 있다. 출토지는 확실치 않으나 경주지방
출토품으로 전한다.

　뒷면에는 모서리 쪽으로 각각 ∩형 꼭지가 한 개씩 모두 네 개가 달려
있다. 이러한 형태의 청동기는 중국 요령성의 심양瀋陽에서 작은 작업용
도끼를 담는 주머니의 장식으로 출토된 바 있어 이 지역과의 깊은 관련
성을 보여주고 있다.

* 유동청(내몽고 적봉대) 교수 : 홍산문화 시기 조기 문자 출현 가능성.

옥고玉箍

여성 신수神獸

선사시대 동북 홍산문화 고옥古玉. 조기 문자 새겨진 증거 발견.

[홍산문화] 172쪽, 내몽고대학출판사, 2002.

1. 대옥륵大玉勒(하변土:홍산유적지채집) 삼행 9글자 : 일日, 월月, 산山, 우雨, 인人등. 12kg

2. 여성신수 옥고玉箍 정면 4글자(그림).

3. 동일 형태의 소옥벽小玉壁 3글자.

* 흑피옥문화 부호문자 태양신 : 공식 보도. 중국가박물관연구원 뢰종운雷從云

<世博看国宝 山古玉 国宝 案> [CCTV-4] 2010.8.17.

(4) 옥기와 은 갑골문 기원

* 은 갑골문 龍 : 옥룡.

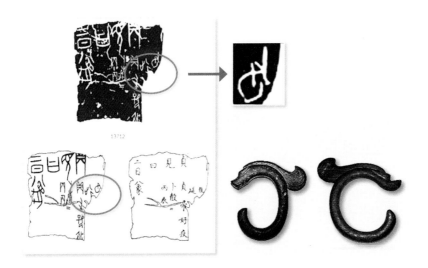

* 은 갑골문 玉 : 玉石之路 2000km(실크로드 보다 천년 앞섬)

  은 요녕성 수암옥을 취하지 않고, 멀리 떨어진 화전옥을 취했는가

  은 갑골문 玉 : 征玉. 取玉. 鬼方(서북방 유목부족).

[주역周易] 高宗伐鬼方
三年克之(고종:무정 시호
(BC1250-1192년 전)

* 은 갑골문 玉, 무巫 : 옥 토템.

  갑골문 옥자는 "丰"으로, 수직으로 3－4 횡선을 관통하게 쓰고, 후일
  오늘날의 玉자로 쓰고 있다. 工은 소리 부분이고 또 형태 부분으로, 정

양백달楊伯达 〈무巫·옥
玉·신神简论〉
2006,11,8.

교한 기구를 표시한다. 무쬬, 갑골문(工, 정교한 기구) + (잡다, 쥐다), 제사시 손으로 기구를 잡고, 강신 축도하는 것이다.

갑골문	금문	전문
갑골문	금문	전문

* 은 갑골문 농弄 : 제사 영향. 옥 토템.

甲骨文　　金文　　小篆　　標準字形

상형 : 양손으로 옥기를 받드는 모습. '옥을 만지고 즐기다'라는 의미, 유희로 변화.

* 은 갑골문 工 : 성 토템.

공공씨共工氏. 회의문자: 여자 생식기 숭배.

* 은 갑골문 氏 : 회의 : 사람人으로부터 나왔
고, 남근의 회의 문자.

* 은 갑골문 交 : 홍산문화 매장 문화.

* 풍시馮時(중국사회과학원 고고연구소 연구원) :

우하량 4호묘.갑골문 "交"자. [역경易經] 교交는, 교태의 뜻이다. 교태交泰는 곧 천지의 기운이 교류하여 함께 합쳐진다는 것이다.

* 은 갑골문 결珙 : 흥륭와-강원도-여수-일본열도

옥결 8000년 전 흥륭와문화, 7000년 전 하모도河母渡문화 발견.

흥륭와 출토 옥결 4점: 두 점 여성 묘 좌우 귀. 두 점 남성 묘 부장품 가운데 발견. 옥결 한 점은 부락 수령급의 허리 부분에서, 나머지 옥결은 돼지 뱃 속에서 발견. 이것은 옥결에 특별한 전달 기능을 부여하고 있다는 것을 설명하고 있다. 위 두 사실은 사람과 돼지 사이의 결합을 나타내는 의미의 부호가 아닐까. 만약 그렇다면 옥결에는 이런 종류의 결합을 나타내는 상형부호의 기능을 부여하고 있는 것이다. 갑골문 가운데 결珙자는 "이런 옥결은 결합, 결혼, 결맹의 원시 상형부호이다"고 설명하고 있다. 한 손으로 옥결의 왼쪽 위, 다른 한 손은 오른쪽 아래 쪽을 잡고 있다. 결 주둥이는 오른쪽 위를 향하고 있다. 환형 옥기는 결혼이나 결맹을 준비하는 부호인 것이다. 일단 결혼이나 결맹에 성공하면, 바로 옥환 위에 결정의 표시를 했다. 결맹의 불변을 표시했다.

寧省博物館·哈文物考古
研究所[遼河文明展文物
集萃]심양, 요녕성박물관
2006, 35쪽.

* 은 갑골문 虹 : 옥황.

쌍용수옥황
홍산문화 객좌喀左
동산취東山嘴유적에서 발굴

* 은 갑골문 아我 : 구운형 옥패.

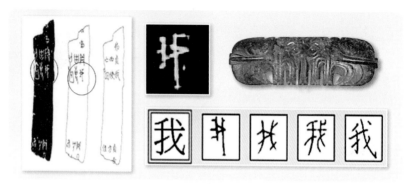

我자는 날카로운 치아형 칼날을 가진 도끼를 닮은 형태. 고대 병기의 일종. 후일 제일인칭의 뜻을 가차, 자기를 의미하게 되어, 본래의 뜻은 사라졌다.

* 은 갑골문 단單 : Y形 옥기.

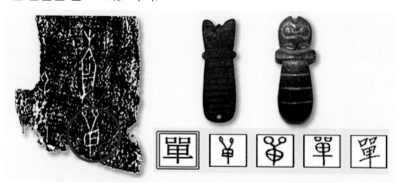

* 은 갑골문 제帝 : 방형 옥벽.

머리에 관을 쓴 사람이 양 손에 옥을 쥐고 있거나, 혹은 가슴 앞에 옥벽을 매고 있는 형상을 부호화. "제帝"자 가운데 가슴 앞에 매고 있는 옥벽은 방형이다.

* 은 갑골문 풍豊, 예禮 : 옥기 관련.

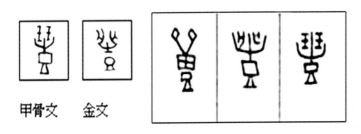

* 은 갑골문, 금문 : '豊'은 의전행사 때 소용되는 기물.

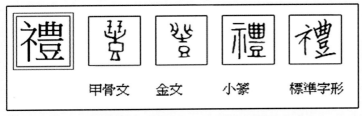

'禮' 사회생활 과정에서 풍속, 습관 때문에 형성된 각종 행위 규범.

* 은 갑골문자 : 홍산문화 후예, 옥문화 계승.

중국의 상형문자는 자모음 형식을 갖추지 않은 상태에서, 원시상형 부호의 형태로부터 최종적으로 갑골문으로 발전했다. 상(은) 왕족은 홍산문화의 후예이다.

상(은) 왕 및 그 정인貞人들은 홍산문화의 옥 문화를 가장 많이 계승했다.

홍산문화의 옥 문화는 홍산문화의 선조들의 집단의 지혜로, 원시부락 수령의 유옥위장唯玉而尊의 특권을 집중적으로 반영한 것이다. 우하량 유적지 중심은 유옥위장의 등급이 분명한 증명이다. 유옥위장은 4가지 사실을 설명:

1. 홍산문화 원시부락은 일인독존의 등급제도가 이미 출현.

2. 홍산문화 원시부락에는 사유화가 출현했고, 특히 옥기의 고도한 사유화였다.

3. 홍산문화 원시부락에는 이미 옥이 최고의 물질부호였고, 나아가 정신부호였다.

4. 옥은 홍산문화의 부락 수령이나 무사巫 師 의 신분 표시와 특별한 의미를 지닌 상징부호였다.

* **문선규文旋奎 교수** : 서계書契, 약속의 부호.

[중국언어학개론]
278-279쪽. 세운문화사.
1979.2

[易經] 繫辭傳 "上古結繩而治, 後世聖人易之以書契"

許慎의 [說文解字]의 序에, 〈著於竹帛謂之書〉라 했는데, 淸의 段玉裁는 이에 대해 注를 붙이기를, 〈古者大事書之於冊, 小事簡牘,---古用竹木, 不用帛, 用帛蓋起於秦, ---許於此兼言帛者, 蓋概括秦以後言之.〉라고 했다.

그리고, 後漢의 劉熙가 지은 〈釋名〉(8卷)에 〈契刻也, 刻識其數也.〉라고 하여 있다. 이러한 옛 글에 의하면, 書契는 어느 약속의 부호를 죽목에 새긴 것을 말했다.

(5) 멕시코 갑골문 명문 옥규

* **손성태 교수(배재대)** : 한민족의 대이동(3000년 전~1000년 전).

　곡옥 : 한반도 초기 곡옥 - 한반도 후기 곡옥 - 멕시코 곡옥 - 아무르
강 유역 출토

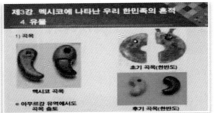

* **멕시코 갑골문 옥규와 16인 인물상** : 타바스코, 라벤타(BC900~400년).

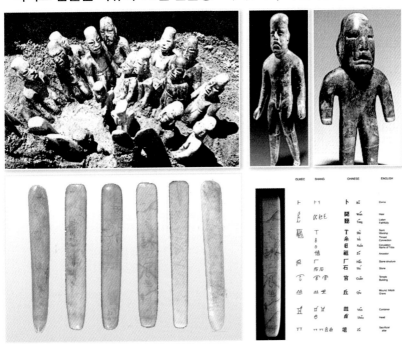

　라벤타는 올맥 문명 가운데 최대 규모의 제사유적지로 유명하고, 올
맥의 고도古都이다. 제4호 문물은 제사유적지 중심지대에서 출토되었
기 때문에 매우 중요하다. 이 유물은 16점 소 옥인과 6점 옥규로 구성
되어, 그 가운데 5호, 6호 옥규에는 확실하게 글자부호가 새겨져 있다.

* 범육주范毓周 자세히 연구한 결과, 5호 옥규에 수직으로 새겨진 7개의 직선과 약간 구부러진 사선으로 구성된 문자의 형태 구성과 은허에서 출토된 갑골문과는 바로 일치했으며, 갑골문과 대조했더니 현대 한자로 "十示二入三一報"라고 확실하게 해석할 수 있었고, 갑골문 어문법에 따라 구절을 "十示二, 入三, 一報"로 나눌 수 있었다. 6호 옥규에는 두 글자가 새겨져 있으며, 갑골문과 대조 결과 확실하게 "小示"로 밝혀졌다. 갑골문 가운데, "示"자가 많이 보이고, 상 왕조의 선조 一"世"를 一"示"로 칭하고 갑골문 가운데, 10대 이상의 선조를 합제 할 경우 우선 "十"에 이어서 "示"와 그 뒤에 해당 숫자(위수)를 표기하는 방식을 썼으며, 이 라벤타 옥규 상의 "十示二"는, 바로 갑골문의 표술 습관과 바로 일치하고, 현대 중국어로 번역하자면 뜻은 12대 선조이다. 흥미로운 것은 옥규상의 문자를 갑골문과 대조 해석한 결과 그 기술된 내용과 유물이 놓여진 위치가 놀랍게도 들어맞는다는 것이다 : 6점의 옥규가 한 줄을 이루고, 한 홍색 옥인이 옥교 앞에 서 있고 12점 녹색 옥인이 홍색 옥인을 동심원 형태로 둘러싸고 있다. 5호, 6호 옥규 근처에 3점 백색 옥인이 한 줄을 이루고, 얼굴은 홍색 옥인을 향하고 있으며, 마치 외부에서 들어오는 것 같다. 범육주는, 만약 그의 해석이 틀리지 않다면, 12점 녹색 옥인은 바로 "十示二", 3점 백색 옥인은 바로 "入三", "一報"는 곧 옥규 앞에 서 있으며 모두로부터 공통적으로 인사를 받고 있는 홍색 옥인을 가르킨다는 것이다.

은상의 역사를 참조, 범은 더 진일보한 해석으로 : 반강盤庚으로 천도한 은 왕조는 제신帝辛(은 주왕)에 이르기까지 12명 왕이 있었고, 이 유물 가운데 12개 녹색 옥인이 그들을 대표할 가능성이 매우 높고 옥규 앞에 서 있는 지위 지존의 홍색 옥인은 바로 아마 그들의 시조일 것이고 3점의 들어오고 있는 백색 옥인은 아마도 중미대륙에서 전승한 3대 왕으로 "소시小示"라고 새긴 6호 옥규(갑골문으로는 방계의 의미)가 그들의 옆에 위치하거나 혹은 그들이 상 왕실의 방계의 후예로 보여진다라고 설명한다.

* 멕시코 부호문자 자료 : 해와 달의 움직임 관련.

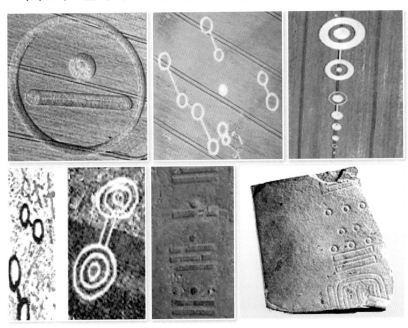

* 부호문자 암각화 : 미국 캘리포니아 애틀라틀 절벽Atlatl Cliff (4000-
   5000년 전)

5 기타

[1] 옥 예기 :

* 옥고, 구운형옥패, 옥벽, 옥구형기, 옥부, 옥검 등

흑피옥	흥륭와	홍산	하가점하층	양저	도사	고촉

* 옥벽

흑피옥	흥륭와	홍산	양저	도사	고촉

* 옥종. Y자형 옥패.

흑피옥	흥륭와	홍산	양저	도사	고촉

* 옥월, 옥검, 옥구형기

흑피옥	홍산	능가탄	양저	도사	고촉

* 옥결, 곡옥

흑피옥	흥륭와	하가점하층	한반도	일본열도

홍산문화 삼종 옥기 : 옥인 + 고형기(옥고) + 옥봉

유국상 : 삼종옥기(5000년전). 왕자 신분 출현.

묘주인 신분 巫師 삼종옥기 = 玉人(18.5cm)+고형기箍形器+옥봉玉鳳

1984년 요녕성 건평현 우하량 제2지점 1호총 4호묘 출토.

일본 삼종 신기 : 三種의 神器(옥玉, 경鏡, 검劍)

천황가가 대대로 계승한 보물. 실체를 눈으로 볼 수 없다.

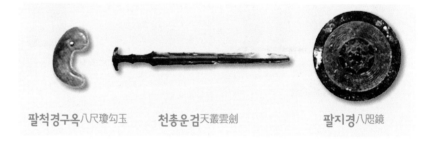

팔척경구옥八尺瓊勾玉　　천총운검天叢雲劍　　팔지경八咫鏡

　삼종의 신기는 경鏡 옥玉 검劍이며, 이들은 고대 왕이나 왕족, 수장들의 묘인 고분古墳으로부터 부장품으로 많이 출토되고 있다. 결국, 천황가가 소중하게 계승하고 있는 것은, 고대 일본의 왕들이 중요하게 여겼던 것이다.

* "장신구를 뛰어넘은 곡옥의 역할" "고분시대보다 대형화 경향"

奈良縣 北葛城郡 廣陵町 巢山고분 출토.
활석제 길이 9.7cm 고분시대

奈良縣 北葛城郡 河合町 宝塚고분 출토. 경옥 곡옥
곡옥 길이 0.9-2.4cm. 고분시대(3-6세기)

머리 장식이나 팔 장식으로 사용되었던 구옥·관옥. 구옥의 재질은 마노·수정·유리 등 다양하지만, 본 유물은 모두 경옥제.

한편, 관옥 8점은 결손 부분이 많다. 그러나 직경 1cm도 되지 않는 옥에 0.5cm 정도의 구멍을 뚫은, 상당한 고도의 기술을 엿볼 수 있다.

[天皇家の名寶] 6쪽, 20쪽. 寶島社, 일본, 2014,8,10.

* 옥고玉箍 : 파림우기巴林右旗 박물관 소장.

12.5cm.
파림우기
査干沐沦苏木 출토

19cm.
파림우기
巴彦査干苏木 출토.
파림우기박물관 소장

오한기 대전자大甸子
833호묘 출토,
중국사회과학원
고고연구소 소장

13cm.
1964년,
파림좌기 출토,
파림좌기박물관 소장

〈紅山文化的"唯玉爲葬"與遼河文明起源特征再認識〉[문물]1997년제8기.

* **곽대순** : 우하량 제1지점 중심대묘 일인독존 무인巫人(5500-7500년전)

　기능 : 권장과 관련. 勾云形玉佩, 斧鉞

　구운형 옥패, 玉龜와 같은 신기神器, 중심대묘에서만 출토.

　〈홍산문화구운형옥패연구紅山文化勾云形玉佩硏究〉

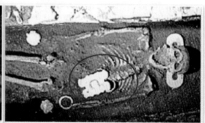

제1지점 중심대묘　　　　제5지점 1호총 중심대묘

* 劉國祥 사회과학원 고고연구소 연구원, 홍산 옥기.

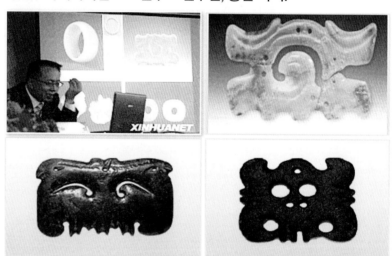

* **복기대** :

　하가점 하층문화 도철문(홍산문화 연관성, 삼좌점 석성)

　구운형 옥패 : 홍산문화 옥기, 그대로 이어 받았다.

홍산문화 및 하가점하층문화 분포도 필자 주:적색 원

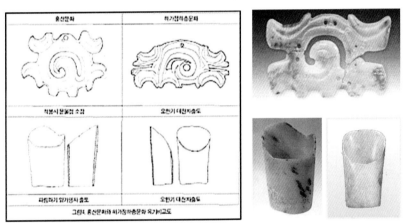

홍산문화와 하가점하층문화 옥기 비교도 필자:논문 인용, 옥기 실물

홍산문화는 옥기가 매우 발전한 문화이다. 이 옥기 가운데 짐승을 표현한 것 중 상징을 표현한 것이 있다. 그 기물의 중심부에 새겨진 형태를 보면 짐승의 얼굴로 볼 수 있는 표현이 있다. 이것들은 비교적 간단

복기대 〈홍산문화와 하가점하층문화의 연관성에 관한 시론〉 [문화사학]제27호.

하게 새겨져 있다. 표정을 보면 엄숙한 것보다는 여러 형태의 표현이 나타나 있다. 이것을 하가점하층문화의 채회도에 나타난 표현과 비교해 보면 하가점하층문화의 문양이 약간 엄숙해진 것을 볼 수 있다. 그렇지만 두 문화에서 기본적인 틀은 매우 유사하다. 따라서 두 기물의 공통점으로 미루어볼 때 하가점하층문화의 도철문은 홍산문화에서 온 것임을 알 수 있다.

* **구운형 옥패** : 하가점하층문화 城子山 석성.

劉國祥 〈홍산문화구운형 옥기연구〉 考古 1998년 제5기

홍산문화 우하량 유적지 제16지점은 우하량 홍산문화 유적지군 가운데 서남부에 위치하고, 동북으로 우하량 제1지점 여신묘와 직선거리로 약 4000m 거리에 있으며, 요녕성 능원시凌源市 능북진凌北鎭 삼관전자촌三官甸子村.

A, B형 구운형 옥기

1. A형(우하량출토). 2. A형(호두구 출토). 3. A형(성자산 출토). C. D. E형.

* **옥선기** : 小珠山 유적지 출토. 선회형옥환旋回形玉環. 선기璇矶왕자 천문기구.

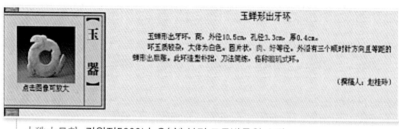

小珠山문화 기원전5000년. 은(商) 북경 고궁박물원 소장.

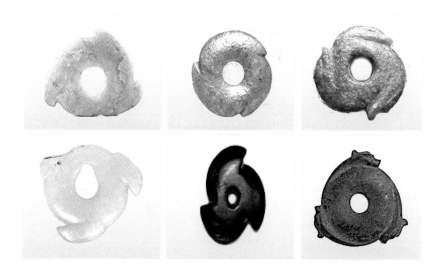

* 곽대순郭大顺 : 선회형 옥벽 대련大连 지구 기원 가능성

홍산문화 옥기는 세계인의 주목을 받고 있다. 홍산문화 시기, 대련 지구에서 발견되는 가장 대표적인 옥기 선회형 옥벽은 산동의 대문구와 용산문화 묘장에서 출토된 적이 있고, 섬서陝西 등지에서도 선회형 옥벽이 발견된 적이 있다.

[大連日報] 2014.4.21.

[장춘일보] 2009.11.10

옥벽 호두구胡頭溝1호묘 출토
우하량 제2지점 1호총21호묘

8자형 옥벽 쌍련벽

흑룡강박물관

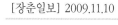
옥벽
15.9x14.4cm

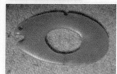

옥벽 길림 중부 백성白城 지역

* 옥벽 : 흑룡강지역, 泰来县 宏升乡 东翁根山, 尚志市 亚布力 출토

쌍련 옥벽 5.91cm   삼련옥벽 9.37cm

태래현박물관 소장. 尚志市 亚布力 출토. 흑룡강성문물고고연구소 소장.

4.32cm   4.57cm   7.15 - 8.93cm

泰来县 宏升乡 东翁根山 유적 출토

은허 박물관

옥두

* 유국상 연구원(중국 사회과학원) : 벽옥다두기碧玉多頭器(예기).

　홍산문화 후기에 속하고 지금으로부터 5500년 전부터 5000년 전.

　오한기 살력파향薩力巴鄉. 권력의 상징. 홍산문화 가장 중요한 예기礼

器.

오한문물정화, 벽옥다두기[예기]
직경:11cm. 오한기박물관.

대형팔각성형 옥기(우주관)
길림지역

* 옥편(점복 옥기) : 능가탄문화. 含山玉版与日晷比较. 동지, 하지 파악

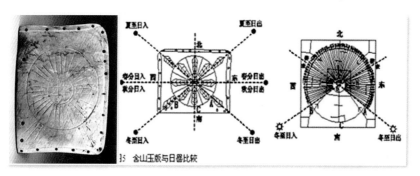

* 홍산문화 뱀형 옥귀걸이 :

능원시 전가구 9호묘 출토 옥기

[대련일보] 2013.2.1.

* 옥 목걸이 : 한반도 출토(8000-7000년 전).

8000년 전 신석기시대 옥목걸이

부산 가덕도 신항 예정지
[매일경제] 2011.02.17
사진은 유골 26구 가운데 7호 인골의 출토 모습.

* 옥종玉琮 : 흑피옥문화, 홍산 문화. 신권神權 상징.

청대 스미소니언박물관 프리어 갤러리.
높이 : 5.2cm 5.7cm 20.3cm 6.3cm

* 옥종형 관요 청자 : 남송12-13세기 관요. 일본 국립 동경박물관 중
  요문화재.

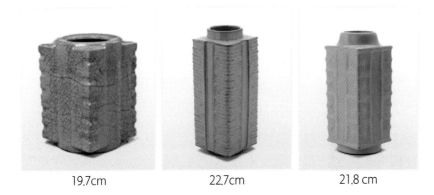

| 19.7cm | 22.7cm | 21.8 cm |

* 스미소니언박물관 프리어 갤러리. 명(16세기-17세기 중엽). 청(18세기)
  景德鎭.

본 병은 옥기玉器인 종琮을 본떠 만들었는데, 위엄 있고 중후한 느낌
이 넘친다. 오와리 도쿠가와가家에 경통 '미즈사시'로서 전래되었다. 태
토와 유약의 특징을 통해 일본에 전래되어 온 희소한 남송 관요 청자로
추정된다.

* Y형 옥기 : 갑골문 단單 원형. 흑피옥문화 9.7cm.

홍산문화 비파형 옥검 : 비파형 청동검 원형

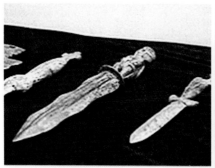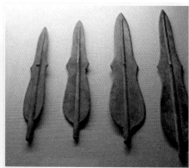

비파형 옥검 우하량 유적 가장 서쪽 제16지점 중심대묘

〈한국인의 고향〉 '신비의 왕국' 찾았다(12) [경향 신문] 2007, 12, 19.

호두구 유적 홍산문화 문화층 바로 위 비파형 청동 단검 출토 한반도와 연계된 홍산 문명.

* 옥으로 만든 비파형 동검 발견.

[경북일보] 2009,11,2.

연이어 발굴된 '하가점 하층문화'도 우리들의 시선을 끈다. 바로 그 자리가 고조선의 고토였기 때문이다. 유물들의 연대도 BC2200년경으로 고조선 성립연대와 비슷하고 출토된 유물들도 동이족 유물이었다.

특히 주목할 것은 청동기문화의 유적들이다. 옥으로 만든 비파형동검도 발견되었다. 흔히 고고학자들이 말하는 고대국가의 성립 요건으로 성곽, 도시 존재, 궁전, 대형무덤, 청동기무기 등인데 거의 갖춘 상태이다. 따라서 우리나라 실증사학자들이 '역사는 과학'이라고 말하며 고조선을 부정해온 이유가 청동기문화가 없는 점을 들었다. 이제 이런 소모적인 논쟁은 더 이상 끌어야 할 가치도 없게 되었다.

동물 토템 명문 옥검

흑피옥 문화·홍산문화 명문 옥검. 일정한 제작 양식.

* **옥구형기**玉勾形器 : 하가점하층문화(적봉시 오한기 대전자大甸子 출토).

홍산문화 옥구玉勾형기
은 부호묘 출토 완전히 똑같다.

* **하상주 시기 귀족계층 소장 홍산문화 옥기.**

　안양 은 부호묘 출토 옥기(755점)

* **석영걸**席永傑(적봉학원 홍산문화 국제연구중심 주임):

　가장 중요한 원인은 상대 옥 장인들이 직접 홍산문화 옥기를 보았을
가능성이 크다. 왜냐하면 정보 전달이 발달하지 않았던 고대에서는 더
욱 중요하기 때문이다. 은 부호묘에서 출토된 1점의 옥구玉勾형기와 내
몽고 파림우기巴林右旗에서 출토된 옥구형기는 완전히 똑같아 홍산문화
옥기이다.

옥결玉玦(=곱은 옥, 곡옥曲玉) : 오한기 흥륭와 – 한반도 – 일본 열도.

강원 고성 문암리
8000년전.
3.4-3.6cm

興隆窪 문화
직경 2.9cm
오한기 흥륭와

국립광주박물관
6000년 전
전남 여수시 남면 안도리
1.4cm.

일본 福井県 金津町
승문시대 초기 6000년 전
桑野유적

천하석 옥귀고리
국립부여 박물관

전남 무안군 월암리

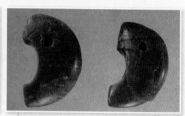

2개의 곱은 옥
국립중앙박물관

옥룡 : 굽은 옥(곱은 옥, 곡옥)

<한문화의 뿌리> [경향
신문] : 1989,2,3.

이형구 교수 : 굽은 옥(곡옥), 만주 – 한반도 – 일본, 변형 유행.
권력, 문명의 상징

대릉하 옥룡

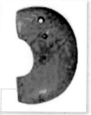

충북 곱은옥

경북 출토

* **곡옥**Gokok : 스미소니언 박물관 프리어 갤러리. 한국식 명칭 사용.

http://www.asia.si.edu/collections/

H:4.0cm H:3.9cm H:3.1cm H:2.8cm H:2.4cm

* **곡옥** : 백제 지역, 부여 송국리 돌널무덤 출토유물(기원전8~10세기).

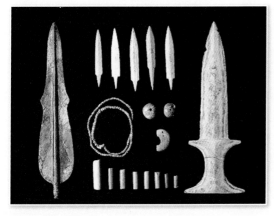

보성강 유역
국립 광주박물관
여수반도

* **마한 곡옥** : 전북 전주시 상운리 유적(전북대 박물관).

　조사 분구묘 총 30기. 매장주체부 150여기.

　책임연구원 김승옥교수(인문대 인문학부 고고학 전공)

　"분구묘는 원삼국시대 마한의 무덤으로 알려져 있었지만 이번 조사
에서 바닥에서 초기철기시대 유물이 나와 분구묘상환연대를 재조정할
수 있게 됐다"

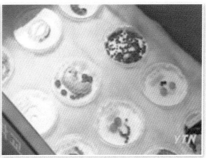

* 마한 모로비리국牟盧卑離國. 전북 고창군 아산면 봉덕리.

곡옥 만동 8호묘 주체부 매장

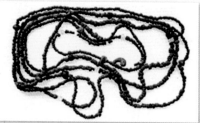

곡옥 만동 8호묘 1호 토광묘 출토

만동 9호묘 6호 옹관

만동 2구역 5호 토광묘

옥玉류

백제 지역 영암, 여수 출토 옥기(동북아지석묘연구소)

영암 망산리 옥류

여수 평여동 옥류

* 백제 무령왕 곡옥

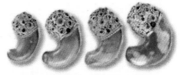
금제귀걸이
국보 제156호. 8.3cm.
국립 공주박물관

* 백제 지역 익산 미륵사탑 원형합 '上部達率目近' 보석함 곡옥 :
 청동합 뚜껑 명문 청동합과 내부 보물 '上部達率目近' 판독, 보석함인
듯

전북 익산 〈미륵사탑 청
동합 개봉〉[연합뉴스]
2010.5.26.

일본 유일 금제 곡옥. 외부 전래 유물 추정

1.8cm. 고분시대 중기. 和歌山縣지정문화재.
車駕之古址 고분 출토. 전장 86m 전방후원분.

이형구[발해연안에서 찾은 한국고대 문화의 비밀]174,176, 332쪽. 김영사, 2004.7

* **곡옥** : 가야 지역. 진주 옥방 출토 황옥.

금관
고령 출토. 5-6세기 경. 가야시대.
높이 11.5cm. 국보 제138호

황옥제 곡옥
진주 옥방 출토

청동제 곡옥형 장식
진주 옥방

[경향신문] 1976.8.3

* **신라 지역 곡옥** : 일본 기원설 뒤엎은 신라의 예지.

금모金帽 곡옥. 경주 금령총 출토. 국립중앙박물관

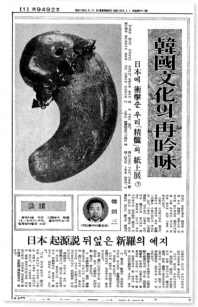

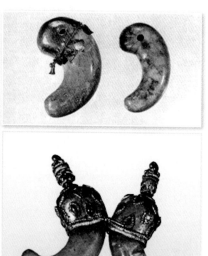

* 곡옥 금관 :

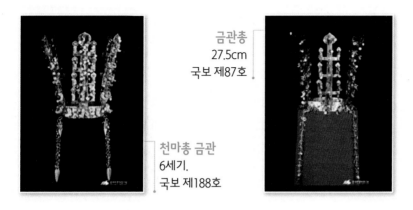

금관총
27.5cm
국보 제87호

천마총 금관
6세기.
국보 제188호

* 곡옥 : 신라 지역. 길이 16.8㎝, 무게 35.6g.

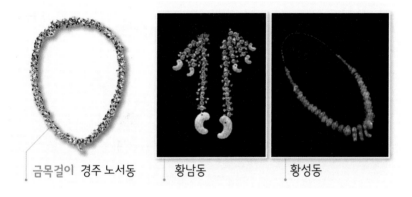

금목걸이 경주 노서동 | 황남동 | 황성동

* 곡옥 : 제주시 출토 통일신라시대 장신구.

디지털제주 문화대전
제주시

　제주도에서 확인된 곡옥은 재료에 따라 유리제·토제·납석제·석제 등
으로 나뉜다. 유리제 곡옥은 곽지 패총 5지구에서 출토되었다. 이 곡옥
의 크기는 길이 3㎝, 머리 지름 1.5×1.7㎝이고 비취빛을 띠고 있다. 이

곡옥의 형식은 삼국시대 고분에서 출토된 곡옥 형식 중 비교적 고전형으로 머리에 세 줄의 각선刻線이 새겨져 있다.

토제 곡옥은 유리제 곡옥의 대용품으로 만들어졌다. 납석제 곡옥은 8~9세기대의 고내리 유적에서 4점이 출토되었다. 석제 곡옥은 삼양동 유적에서 출토되었으며 크기는 길이 3㎝ 미만이다. 이 석제 곡옥은 곡옥 중 시기적으로 가장 빠른 기원전 1세기대에 해당된다. 곡옥은 토제를 제외하고 유리제나 납석제 등은 제주도산이 아니다. 이러한 곡옥들은 산지항 출토 화폐처럼 대외 교류의 산물로서 위세품으로 판단된다.

큐슈九州국립박물관
http://www.kyuhaku.jp

* 일본열도 곡옥 : 最古 삼종의 神器

福岡 平野 주변
老司고분 3호 석실

福岡県吉武高木 유적 출토 福岡市 박물관 야요이 시대(기원전2세기)

모자곡옥

* 한반도 지역 : 전남 순천시 송광면 월산리 4호 지석묘 출토. 경주박물관.

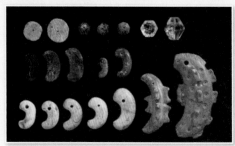

길이 10㎝ 내외.
국립 경주박물관 소장

* 일본 열도 :

일본 군마현群馬縣

효고현兵庫縣 梅林

南淡路市 雨流유적 출토

일본열도 고분시대 벽옥 초형석鍬形石

초형석 벽옥제
21cm 고분시대.
나라현奈良縣 北葛城郡
廣陵町 巢山 고분 출토

19.7cm. 고분시대 전기
미에현三重縣 一志郡嬉野町
上野地区 출토

17.4cm / 18.5cm
고분시대 4세기. 쿄토京都국립박물관

[天皇家の名寶] 寶島社,
일본, 2014.8.10.

일본문화청 문화유산 온
라인 http://bunka.nii.
ac.jp/
일본 e국보 국립박물관
소장 국보 · 중요문화재
http://www.emuseum.
jp/

초형석 중요문화재 나라
현 生駒市(大和国 奈良市
富雄町 丸山고분 출토품)

* 위신재 : 대왕과의 동맹의 증거.

초형석은 야요이 시대 남성의 팔 장식용으로 쓰이기 시작했던 패류로 만든 패륜을 그대로 벽옥으로 옮긴 것이다. 특히, 초형석은 야요이 시대로부터 고분시대 초기에 걸쳐 유행한 패류로 만든 팔찌를 조상으로 한 팔찌형 석제품이다. 원래의 용도를 벗어나, 고분시대 전기에는 보물의 일종으로서 중요시 되었다.

현재까지는 기내의 대형 고분을 중심으로 출토되고 있고, 기내의 대왕으로부터 각지의 수장에게 배포되었던 것으로 추정된다.

제3장

곡옥曲玉

1 | 곡옥曲玉

[1] 곡옥

한자로는 곡옥曲玉 또는 굽은 옥이라고 한다. 초승달 모양으로 생겼으며, 머리 부분에 1개의 구멍이 뚫려 있는 것이 보통이다. 곡옥은 거의 비취 제품이지만 마노·수정·유리·벽옥碧玉 등으로 만든 것도 있다. 머리 부분의 구멍 외에 몇 줄의 선을 새기기도 하고 또 금은제의 장식을 씌운 것도 있다. 대개 귀고리나 목걸이에 거는 중심 구슬로 쓰였지만, 금관에 달린 것도 있어 금관총에서는 130개 이상이나 출토되었다.

고분에서 나온 곱은 옥은 충남 공주시 금성동의 공주 송산리고분군 제7호분과 제8호분에서 1개씩, 우금리 제1호분에서 3개가 출토되었고, 무령왕릉에서는 특수한 것이 여러 개 출토되었는데, 탄화된 나무토막을 편평扁平한 원형으로 자르고 둘레를 금테로 돌려 그 금테에 서로 맞뚫리게 구멍이 뚫려 있다.

(1) 옥결玉玦 :
* 중국 대륙 오한기 흥륭와 – 한반도 – 일본 열도.

강원 고성 문암리
3.4-3.6cm. 8000년 전.
국립문화재연구소

중국 요하 유역
흥륭와문화 직경 2.9cm

전남 여수시 안도리 남면
1.4cm. 6000년 전.
국립광주박물관

경남 울산 처용리
8.1cm. 5000년 전.
국립울산박물관

* 중국 양자강 유역 : 양저문화(5300-4300년전).

절강성박물관
직경 5.8cm

항주시杭州市 餘杭區 小林陳村1號墩 M12

* 일본 후꾸이현福井縣 金津町 桑野유적 승문시대 초기, 6000년 전.

奈良문화재연구소편집
[日本の考古學] 學生社, 2005,12.

上川名貝塚 출토 결상이식
東北大學대학원문학연구과 소장품

* 相原淳一(東北歷史博物館)〈미야기현의 이상결식玦狀耳飾〉

현재는 결상이식의 대륙전래설과 일본열도 자생설이 서로 맞붙어 있
는 상태.

[동북역사박물관연구기
요] 11. 2010년3월

* 옥기 부장 사회 : 신분, 지위 상 차이(흥룡와 문화 같은 시대)

국립문화재연구소
2004.12.29 [高城文岩里
遺蹟](237-239쪽), 한국.

아시아에서 最古의 玦狀耳飾, 중국동북부의 興隆窪문화에 속한 遼寧省 阜新市 査海유적 출토품인데, 연옥제로 단면이 두꺼운 고식의 형태이다. 문암리 玦狀耳飾 중국 동북부지방과 연해주 등지의 玦 이 반입된 것으로 추정되며, 그 시기도 이와 비슷할 것으로 생각된다.

한편 중국의 신석기 시대 만기에 해당되는 靑蓮崗 문화의 北陰陽營 유적에서는 인골에 착용된 상태로 발굴되었다. 문암리 유적은 해안 사빈 지대임을 감안할 때 인골은 남아있지 않지만 출토상황을 보면 착용된 상태였음을 짐작할 수 있다. 따라서 문암리 玦狀耳飾은 매장풍습과 재질, 형태적인 측면에서 중국과의 관련성이 더 크며, 그 가운데서도 중국 동북지방과 연해주 지방에서 반입되었을 가능성이 크다.

(2) 곡옥 : 한반도 지역

이형구 교수 [한국고대
문화의 비밀] 119-122
쪽, 김영사, 2004.7

곡옥 높이 10.3cm
대릉하 유역 우하량 돌널무덤 출토.
마치 삼성타랍촌三星他拉村에서 출토된
옥룡의 형상을 추상화한 것 같다.

곡옥 크기 15cm.
요령성 건평현 출토

연옥제 곡옥. 5.8cm.
은허殷墟 부호묘婦好墓 출토

곡옥 연변 조선족 자치
주 용정현 의란依蘭 출토

곡옥 1쌍
경상북도 영덕군 오포리 출토
크기가 각각 3.7cm, 3.8cm의 천하석天河石제
곡옥은 그 형태와 빛깔이 부여 송국리 돌널무덤
출토 천하석제 곡옥과 매우 비슷하다.

경주 출토 곡옥
신라에서는 금관이나 금제 혁대 장식 등에 비
취로 만든 곡옥장식물을 많이 이용했다.

* 이형구 교수 : 〈한문화의 뿌리〉

만주 한반도 일본에선 〈굽은 옥〉으로 변형돼 유행.

漢族의 龍토템은 渤海연안서 비롯됐다.

세계 最古 玉龍 中原 아닌 西遼河서 발굴

[경향신문] 1989.2.3.

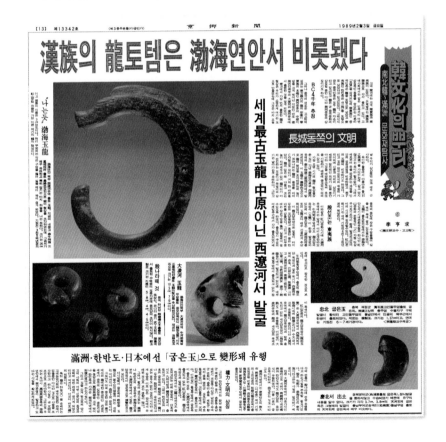

〈곡옥의 비밀〉 MBCTV
2부작, 2006.9.28.

* **강우방 교수(이화여대)** : 곡옥은 영기무늬를 삼차원적으로 표현한 것으로 용의 초기 형태를 형상화한 '옥룡'이라고 주장한다.

* **일본** : '일본에서 한반도로 전파되었다'고 주장.

구옥(굽은 옥, 곡옥曲玉으로도 표기)은 선사 시대 고대 일본에 있어서 장신구 중 한가지이다. 제사 때 사용되었다고 하지만, 상세한 것은 알 수 없다. 기록으로는, [고사기古事記]에는 '曲玉', [일본서기日本書紀]에는 '勾玉'의 표기가 보인다. 어원은 '굽어 있는 옥'으로부터 왔다는 설이 유력하다.

일본 승문시대 유적으로부터 발견된 것이 가장 오래 된 것이다. 조선 반도에도 전파되어, 기원전 6세기부터 3세기 초엽 무문토기 시대에 아마조나이트로 만든 구옥이 보인다. 승문 초기 말부터 전기 초에 활석이나 납석류가 출현, 승문 중기에는 C자형 구옥이 보이고, 후기부터 만기에는 복잡해져서 재질도 다양해진다. 승문시대를 통해 구옥의 크기는 비교적 작아졌다.

* **경기 충청 지역**

경기도 파주 지역 : 파주 주월리 홍산문화의 옥저룡 부류 출토.
경기도박물관 이헌재 학예연구사. 신석기인들의 장식품, 옥기.

* **경기도박물관 이헌재 학예연구사** :

옥저룡 모양은 동물머리를 형상화한 옥기이다. 원래 옥저룡은 중국 요령성 신석기시대 홍산문화紅山文化에서 알려진 '옥저룡玉猪龍Dragon and Pig'에서 따온 말로서 '옥으로 만든 돼지와 용'이란 뜻이다.

　파주 주월리의 옥기 역시 홍산문화의 옥저룡의 부류에 포함시킬 수 있을 것이다. 가운데 구멍의 두 곳에 끈을 매달 수 있는 홈이 나 있고 홈의 모양은 중국 소주산小株山 2기 오가촌吳家村에서 출토된 옥제품의 수법과 통하는 바가 있다.

　파주 주월리의 옥기는 중국 동북지방 요하유역의 신석기시대 홍산문화紅山文化Hungshan Culture의 옥기 형태와 유사하다. 홍산문화는 중국 신석기시대 후기에 속하며 주로 요령성遼寧省 서부 적봉시赤峯市 일대에 분포한다. 1996년 집중호우로 세상의 빛을 본 주월리 옥기 장식품이 신석기시대의 교역품인지, 이주민이 가지고 온 것인지 혹은 한반도의 신석기인들이 직접 가공한 것인지는 더 연구해야 할 과제이다. 한 가지 분명한 사실은 신석기시대 주월리 일대에 살았던 사람들이 오늘날 현대인들처럼 옥기를 사용하였다는 것이다. 아마 완전하고 아름다운 영원한 삶을 염두에 둔 건 아니었을까.

* 백제 지역, 부여 송국리 돌널무덤 출토유물(기원 전8~10세기).

부여군 연화리 유적(기원 전 400년)

* 국립 부여박물관 : 곱은 옥, 천하석.

* 금모 곡옥 : 백제 무령왕릉 출토 금모金帽 곡옥 금 귀걸이.

국보 제150호 국립중앙박물관   국보 제156호 국립공주박물관

[연합뉴스] 2010.5.26.

전북 익산 <미륵사탑 청동합 개봉>

와까야마현和歌山縣
지정문화재
고분시대 1.8cm

경주 금관총 출토
국립중앙박물관

* 금장식 청동 곡옥 : 백제 무령왕릉 금장식 곡옥과 동일.

[연합뉴스] 2009.2.22.

전남 해남 만의총 1호분
[동신대문화박물관]

　전남 해남군 '해남 만의총 1호분'에서 최근 출토된 금장식 청동곡옥. 이 곡옥은 백제의 금장식 곡옥(무령왕릉)과 동일한 금장식으로 꾸며져 있다. 곡옥이란 초승달모양의 장식용 구슬을 말한다.

* 전남 서부 지역 : 지석묘 부장 출토 유물.

영암 망산리 옥류
청동기 시대
동북아지석묘연구소

곡옥
함평 초포리 출토
국립중앙박물관

무안 일로 월암리
지석묘

* 점뼈 : 중국 동북지방 – 일본 규슈 지역 발견.

　점 치는 풍습, 우리나라 남부지역을 거쳐 일본에 전파.

　대부분의 점뼈는 서력기원을 전후하여 해남 군곡리·나주 장동리·김해 부원동·사천 늑도 등 남해안에 형성된 조개더미 유적에서 발견된다. 점뼈는 중국 동북지방과 일본 규슈지역에서도 발견되고 있어, 점을 치는 풍습이 우리나라 남부지역을 거쳐 일본에 전파된 것으로 여겨진다.

점뼈 (卜骨)
삼국, 길이 16.9cm
해남 군곡리

* 보성 보성 도안리 석평 유적 : 1800년 전, 수정 가공 공장 발견.

[연합뉴스] 2009.12.3.
[뉴시스] 2009.12.3.

* 마한문화연구원 :

슬래그(철 찌꺼기)가 출토되는 되는 곳은 대장간으로 생각되며, 점토나 내박자(토기제작 도구 일종) 등이 출토된 곳은 토기를 제작하던 곳임이 확실한 반면, 수정과 지석(숫돌) 등이 출토된 곳은 수정을 가공하던 공장이 있던 곳으로 추정된다고 조사단은 덧붙였다.

조사단은 이들 세 가지 형태의 주거지가 전체 유적 중에서도 각각 동쪽과 중앙, 그리고 서쪽으로 공간이 분할되는 분포상 차이가 관찰된다면서 "특히 수정가공 흔적이 보이는 주거지는 유적 서쪽 주거지에서 다수 확인된다"고 말했다.

이곳이 수정을 가공하던 곳이라는 증거로는 수정을 간 흔적이 보이는 홈이 패인 숫돌과 함께 수정 원석 조각, 수정제 미완성 제품, 완성된 곡옥曲玉(굽은 옥) 등이 출토되는 점을 들었다.

* 보성강 유역 여수반도 :

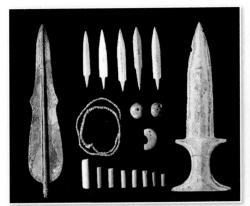

요령식동검
간석기, 옥(청동기 길이 33.0cm).
국립 광주박물관.

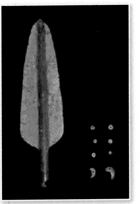

비파형동검
전남 순천 승주 우산리
내우 고인돌 유적.

* 보성 득량면 예당리 : 원삼국시대(기원전 2백-3백년) 옥 제작.

원삼국시대(삼한시대) 곡옥 유물 발굴. 전남대 박물관.

〈寶城서 선사시대 玉장신구 발굴〉 연합뉴스 1996.11.28

전남대 박물관 유물 발굴팀(팀장임영진 인류학과 교수)은 28일 오후, 보성군 득량면 예당리 호동마을 발굴현장에서 보고회를 갖고 16기의 지석묘에서 마제석검 4점, 돌화살촉 6점, 돌도끼 2점, 옥구슬 1점, 붉은 간토기 1점 등이 출토됐으며 원삼국시대로 추정되는 주거지 25㎡에서는 다량의 토기, 석기 등과 함께 옥기를 제작할 때 원석에서 떨어져 나온 수 십 점의 옥 파편과 1차 가공만 된 곡옥과 관옥管玉 반제품들이 발굴됐다고 밝혔다.

林교수는 "이번에 발굴된 옥장신구 형태로 보아 호동마을 주변에서 기원전 2백-3백년 사이에 옥을 제작했던 것으로 보인다"며 "철기시대의 유물인 곡옥의 원석과 반제품은 호남지역에서는 처음 발굴된 것"이라고 말했다.

林교수는 또 "이 지역에서 출토된 옥은 원삼국시대에 속하는 것이므로 옥제품의 제작이 늦은 시기까지 있었음을 말해 주는 동시에 마한지역에서는 금, 은, 비단보다 구슬을 귀하게 여겨 옷에 꿰매어 장식하기도

하고 목이나 귀에 달기도 했다는 '後漢書 東夷傳'을 고고학적으로 뒷받침해 주고 있다"고 말했다.

* 여수 평어동 :

여수 평어동 다군 2호 고인돌
곡옥 2점,소옥 235좀, 관옥 35점, 옷장식용 추정.

* 전북 익산 미륵사탑 원형합 '上部達率目近' 보석함.

[연합뉴스] 2010.5.26.

청동합 뚜껑 명문 청동합과 내부 보물 '上部達率目近' 판독, 보석함인 듯

'上部達率目近' 보석함.
금모金帽 곡옥. 전북 익산 미륵사탑

전북 전주시 상운리 유적
전북대박물관

* 마한 곡옥

전북 전주시 상운리 유적 전북대박물관 조사, 분구묘 총 30기.

전북 고창군 아산면 봉덕리 만동 출토

곡옥 만동 8호묘 주체부 매장

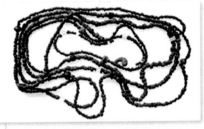
곡옥 만동 8호묘 1호 토광묘 출토

만동 9호묘 6호 옹관

만동 2구역 5호 토광묘

* 중국 문헌 기록 : 마한 지역 금은 비단 자수보다 구슬을 귀하게 여김.

[三國志] 券30, 魏書 韓專條

"以瓔珠爲財寶 或以綴衣爲飾 或以懸頸垂耳 不以金銀繡爲珍".

[後漢書] 東夷列傳 韓條.

[晉書] 列傳 四夷傳 馬韓條.

"삼한인은 구슬을 財寶로 삼아 옷에 매달아 장식을 하거나 목이나 귀에 매달지만, 금은과 비단 자수는 보배로 여기지 않았다"라고 한다. 이러한 기록은 마한의 묘제로 이해되는 분묘유적에서 다량의 옥이 확인됨으로써 사실로 입증되고 있다.

* 임영진 교수 :

"이 지역에서 출토된 옥은 원삼국시대에 속하는 것이므로 옥제품의 제작이 늦은 시기까지 있었음을 말해 주는 동시에 마한지역에서는 금, 은, 비단보다 구슬을 귀하게 여겨 옷에 꿰매어 장식하기도 하고 목이나 귀에 달기도 했다는 '後漢書 東夷傳'을 고고학적으로 뒷받침해 주고 있다"고 말했다.

* 가야 지역. 진주 옥방 출토 황옥. 곡옥

[연합뉴스] 5세기 분구 묘서 백제 금동신발 출토. 2009.9.28

이형구[발해연안에서 찾은 한국고대 문화의 비밀]174,176, 332쪽. 김영사, 2004.7.

금관
고령 출토. 5-6세기 경. 가야시대.
높이 11.5cm. 국보 제138호

황옥제 곡옥
진주 옥방 출토

청동제 곡옥형 장식
진주 옥방

* 가야 지역 : 왕릉급 대형 목곽묘 출토 옥기

[연합뉴스]2012.8.8

4세기 무렵
금관가야 고분군.
경남 김해 대성동 출토 옥기.

스미소니언 박물관
프리어 갤러리.
10.4cm

* 일본 기원설 뒤엎은 신라의 예지 :

[경향신문] 1976.8.3.

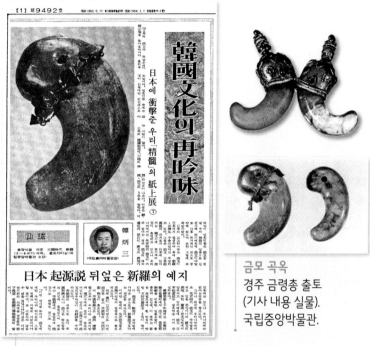

금모 곡옥
경주 금령총 출토
(기사 내용 실물).
국립중앙박물관.

발해연안 곡옥문화와 신라의 황금문화가 결합한 독특한 형상이다.
이형구, [한국 고대문화의 비밀] 2012.12.27. 새녘출판사.

* 곡옥 금관 :

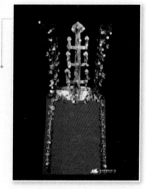

금관총
27.5cm
국보 제87호

천마총 금관
6세기.
국보 제188호

* 곡옥 목걸이 : 경주 노서동 금목걸이, 길이 16.8㎝, 무게35.6g.

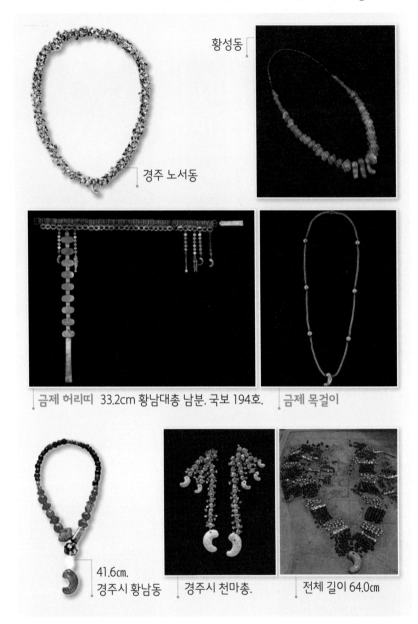

경주 노서동

황성동

금제 허리띠 33.2cm 황남대총 남분. 국보 194호.

금제 목걸이

41.6㎝.
경주시 황남동

경주시 천마총.

전체 길이 64.0㎝

* 제주시 출토 : 통일신라시대 장신구.

토제 곡옥은 유리제 곡옥의 대용품으로 만들어졌다. 납석제 곡옥은
8~9세기대의 고내리 유적에서 4점이 출토되었다. 석제 곡옥은 삼양동

유적에서 출토되었으며 크기는 길이 3㎝ 미만이다. 이 석제 곡옥은 곡옥 중 시기적으로 가장 빠른 기원전 1세기대에 해당된다. 곡옥은 토제를

제주시 디지털제주 문화대전

제외하고 유리제나 납석제 등은 제주도산이 아니다. 이러한 곡옥들은 산지항 출토 화폐처럼 대외 교류의 산물로서 위세품으로 판단된다.

* Gokok(곡옥) : 스미소니언 박물관 프리어 갤러리. 한국식 명칭 사용.

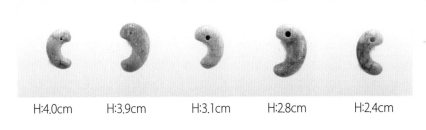

http://www.asia.si.edu/collections/

| H:4.0cm | H:3.9cm | H:3.1cm | H:2.8cm | H:2.4cm |

(4) 일본열도 곡옥 : 북해도, 관동, 관서, 큐슈 지역(필자 구분).

* 북해도 지역 출토(승문繩文시대)

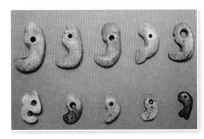

繩文시대 중기(7000-6000년 전) 繩文시대(5500년 전)

승문繩文시대 滝里유적군(약 2300년 전) 출토.

芦別市 北海道 지정 유형문화재 제67호

* 동북 지역 :

宮城縣 上川名貝塚 출토.
東北大學대학원문학연구과 소장

관동 지역

* 도쿄. 요코하마

도쿄 北 飛鳥山박물관.
도쿄 北區 田端 不動坂 유적
제17지점 출토

요코하마橫浜 출토

군마현群馬縣 安中市
簗瀬二子塚 고분 (6세기초)

* 야마나시현山梨縣 笛吹市. 시즈오카현静岡縣. 야마카타현山形縣

야마나시현山梨縣 매장
문화센터 보고서 제175
집, 2000년

笛吹市春 日居町鎮目
고분시대(6세기 후반)

岡県 浜松市 박물관. 고분시대 후기

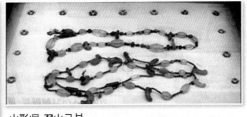

山形県 羽山고분,
東置賜郡 高畠町 高畠 6-7세기 安久津 고분군

* 사이타마현埼玉県 熊谷市 **지정문화재**

[朝日新聞] 2013.5.29

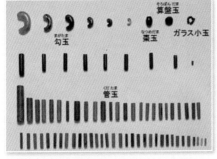

熊野신사 고분 축조
4세기 후반
埼玉県 현립역사민속박물관

고대 장식 구슬 주형鑄型,
원형 출토.
埼玉県 本庄市 憧堂 동쪽 유적
유리소옥 주형 출토,
7세기 아쓰카飛鳥시대

* 도쯔기현栃木県 오타와라시 유즈카미 출토. 경옥 길이 7.4cm. 도쿄
국립박물관

옥도끼(옥월)
승문시대
(BCE3000~BCE2000년).

* 와까야마현和歌山県 和歌山市 **: 금제 구옥**金製 勾玉**.**

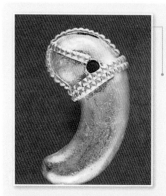

일본 유일 금제 곡옥 외부 전래 유물 추정.
1.8cm. 고분시대 중기. 和歌山県 지정문화재.
車駕之古址 고분 출토. 전장86m 전방후원분

동천銅釧 玉類
京都府 芝ヶ原고분 출토
야요이 시대 후기-고분시대 초기 3 세기
城陽市교육위원회 소장

* 쿄토京都 **고분 : 로마제국 유리 옥 출토. 일본 국내 최고급.**

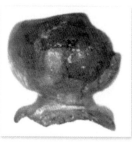

[朝日新聞] 2012.11.17

로마제국 영내에서 제조된 것과 같은 성분인 것이 밝혀진, 宇津久志 1 호 고분에서 출토된 중층重層 유리 옥. 쿄토부 長岡京市시에 있는 宇津久志 1 호 고분(5세기 전반)에서 출토된 3점, 중층 유리 옥이,1-4세기 로마제국 영내에서 제조된 것과 동일한 성분으로 밝혀졌다고, 長岡京市매장문화센터와 나라문화재연구소가 21일 발표했다. 중층 유리로는 국내 최고급이다. 나라奈良문화재연구소 田村朋美연구원은 "중국 남부에서도 동 시기의 중층 유리 옥이 발견되었고, 해로로 일본으로 전해졌을 가능성도 있다"고 말했다. 宇津久志 1 호 고분은 한변 7m 방분으로, 1988년, 관옥 등의 부장품과 함께 최대 직경 5mm의 중층 유리 옥 3점이 출토되었지만, 성분 분석은 실시하지 않았다.

* **오오사카부**大阪府 藤井寺市.

후지노모리藤の森 고분 횡혈식 석실 5세기 후반

* **시마네현**島根県. **오까야마현**岡山県.

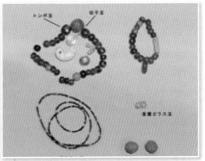

山持유적 출토
島根県立古代出雲역사박물관

塚段고분 출토 옥류
岡山市 매장문화센터 소장

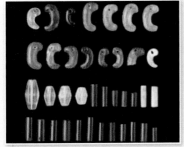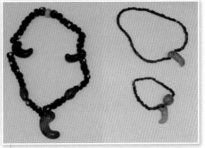

津山市 尾石生谷口고분 출토 옥류

丸子山 고분 출토 奥出雲多根자연박물관

奈良문화재연구소편집
[日本の考古學] 學生社,
2005.12.

* 후꾸이현福井県 金津町 桑野 유적. 승문시대 초기 말－전기(6000년전)

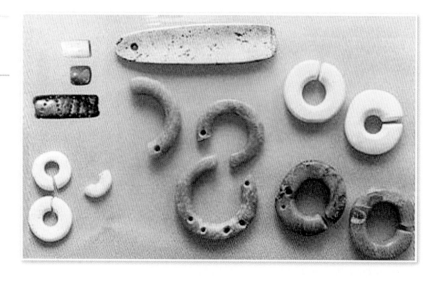

藤田士夫 : 일본 승문시대와 중국 양자강 하류 양저문화 옥문화(옥결)

연결 주장.

* 기후현岐阜県 行基寺 : 거울, 곡옥, 관옥 등 출토. 海津市 유형문화재

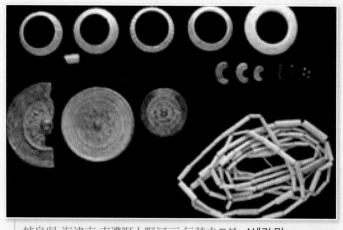

岐阜県 海津市 南濃町上野河戸 行基寺고분 4세기 말

* 나가노현長野縣. 돗도리현鳥取縣.

諏訪市一時坂고분 고분시대
諏訪市박물관

鳥取縣 매장문화센터

鬼釜 고분 출토
(飯田市 上久堅)

큐슈 지역

* 후꾸오까현福岡縣 : 일본 문화청 자료.

  큐슈九州국립박물관 : 最古 삼종의 神器 http://www.kyuhaku.jp.

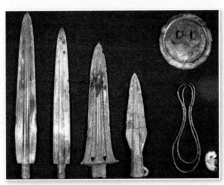

福岡 平野주변 老司고분
3호 석실.
福岡市 박물관

모자곡옥
福岡縣 吉武高木 유적 출토.
야요이 시대(기원전2세기)

* **히로시마현**広島県. **야마구찌현**山口県.

히로시마시広島市 중요 유형문화재
安芸区 船越 新宮고분 출토

야마구찌현山口県 지정 유형문화재.
円光寺고분 출토

* **구마모토현**熊本縣 **사가현**佐賀県

유리 곡옥
일본 고분시대 5~6세기.
熊本縣 나고미마치 에타 후나야마 고분 출토

佐賀県 伊万里市 시지정중요문화재.
銭亀고분출토.
역사민속자료관.

* 가고시마현鹿兒島縣. 오끼나와

비취제 곡옥과 관옥 출토
고분시대
鹿兒島縣 鹿屋市 串良町 岡崎고분군.

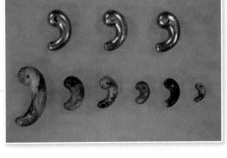

금제, 옥제, 유리제 곡옥.
오끼나와 尚氏 제1, 제2 왕통.
일본 국보, 중요문화재

옥장玉杖 : 권장

장형벽옥제품杖形 碧玉製品
중요문화재 28.7cm.고분시대 4세기.
미에현三重縣 출토품으로 전해짐.
동경국립박물관

桜井茶臼山 고분.
奈良県 桜井市 전방후원분

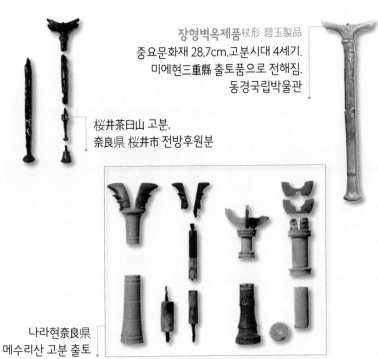

나라현奈良県
메수리산 고분 출토

2 모자 곡옥

[1] 한반도

(1) 딸린 곱은 옥 모자곡옥母子曲玉 : 새 생명의 탄생 관련.

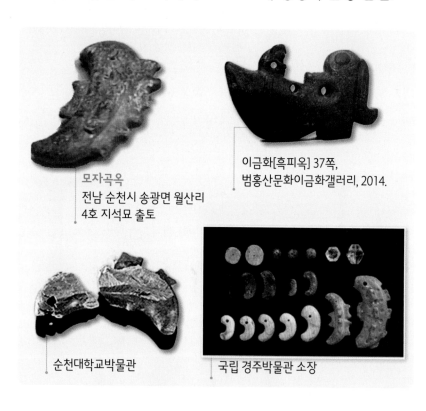

모자곡옥
전남 순천시 송광면 월산리
4호 지석묘 출토

이금화[흑피옥] 37쪽,
범홍산문화이금화갤러리, 2014.

순천대학교박물관

국립 경주박물관 소장

* 순천대학교박물관 소장 모자곡옥 :

　백제. 길이 8.5cm. 납석. 광양 용강리 관동 3호 주거지 출토.

* 백제 딸린 곱은 옥(母子曲玉) : 선사시대 곱은 옥과 연결.

  특히, 백제의 곱은 옥에서 관심을 끄는 것은 딸린 곱은옥(모자곡옥)이다. 이것은 곱은 옥의 표면에 더 작은 곱은 옥 여러 개를 붙여서 만든 것이다. 이와 같은 곱은 옥은 일본의 고분시대 유적에서 활석제滑石製가 많이 발견되어 일본의 특산물로 간주되었으나, 최근에 부여에서 활석 곡옥 1개가 나왔고, 경남에서도 출토된 보고가 있어 한국에도 딸린 곱은 옥이 만들어졌음이 입증되었다.

  한편, 함북 웅기의 송평동 유적에서 천하석天河石으로 만든 2.2cm의 작은 곱은 옥 2개가 나왔는데, 모두 머리 부분에 1개의 구멍이 뚫려 있어 삼국시대 곱은 옥의 원형임을 시사해 준다.

  또 충남 부여군 규암면에서 경옥제硬玉製 곱은 옥조각이 발견되었고, 부여 근처의 돌널무덤[석관묘]에서도 결형玦形 곱은 옥이 출토되었다.

  이것은 중국 동만주 길림 지방의 청동시대 석총에서도 발견되어, 앞에서 든 고분기의 곱은 옥은 선사시대의 곱은 옥과 연결되는 것이라고 추정된다.

  국내에서 발견된 것은 단지 5, 6점뿐으로, 충남 부여 군수리, 진주 근처, 전남 순천시에서 발견된 사례만이 그 출토지가 확인된다. 순천시에서 발견된 것은 고인돌 하부에서 발견되었는데, 이것은 청동기시대의 무덤인 고인돌이 삼국시대에 일종의 의례행위의 대상이 되었음을 말해 준다.

(2) 경옥제 곡옥 :

* 하인수 복천박물관 관장 〈신석기시대 옥기의 기초적 검토〉

  "부산에서는 연옥과 사문암이 생산되지 않기 때문에 연옥으로 만든 범방패총의 장방형 수옥이나, 사문암제로 추정되는 가력도 장항의 관옥과 수옥 등은 해양 교역 등에 의해 외부 지역에서 반입된 것"이라고 추측했다.

부산 복천박물관[한국
선사·고대의 옥문화 연
구]2013.([부산일보]
2014.2.19)

* 박천수 경북대 고고인류학과 교수 〈신라·가야의 옥―경옥제 곡옥을
중심으로〉

"경옥 산지의 유무, 경옥제 곡옥의 출현 시기, 경옥제 곡옥의 변화양
상 등으로 볼 때 일본열도산이 분명하며, 오히려 이 점에서 신라에 들어
온 것으로 추정되는 수천 점에 달하는 경옥제 곡옥이야말로 신라와 왜
의 우호적인 관계를 상징하는 것이며, 이는 왜 왕권에서 적극적으로 신
라와의 교류를 원했던 것을 웅변하는 것"이라는 견해를 펼쳤다.

[2] 일본 : 고분시대古墳時代

곡옥은 승문시대에 탄생해, 야요이 시대에 정형화 되었지만, 가장 왕
성하게 제작되어 사용했던 시대는 고분시대이다. 고분시대에는 곡옥
이외에도, 옥류나 석제품이 많이 만들어졌다.

* 가나가와현神奈川県 사가미하라시相模原市 勝坂有鹿谷 제사 유물.

* 군마현群馬町 미쓰데라三ツ寺 유적 출토 모자 곡옥 : 5세기 후반

대형 활석제
三ツ寺 유적
梅林 출토유물로 전해짐

길이 10.2cm.
群馬県 매장문화재센터 소장.
약80m 방형고분.

* 효고현兵庫県, 나라현奈良県 출토 :

南淡路市 志知 志知川 雨流
雨流유적 출토품
효고현립兵庫県立 고고박물관.
현 지정 중요문화재.

나라현奈良県 輪山麓 祭祀遺跡
6세기 후반-7세기 전반
奈良県立 橿原고고학연구소.
桜井市 松之本유적, 2012.3.8

* 쿄도京都. 아이찌현愛知県.

경도부 매장문화 조사연구센터.
www. kyotofu-maibun.or.jp
지고池尻유적 (6세기 후반),
모자곡옥(5세기 후반) 출토

白石유적 출토
保美貝塚 출토.豊橋市美術博物館,
고분시대 중기(5세기 경)

* 옥기 출토 유적지 : 九州 지역 유적, 고분

副葬品出土分布
冠
金装飾の鏡
ヒスイ勾玉
勾玉
金の耳飾り

녹색 : 비취 곡옥.
빨간색 : 곡옥.
노란색 : 금 장식.

福岡県 佐賀県 長崎県 熊本県 大分県 宮崎県 鹿 島県

3 규圭(=홀笏)

[1] 고조선 규(=홀)

홀笏 : 문화재청 www.cha.go.kr

홀笏은 신하들이 왕을 뵐 때 손에 쥐는 물건으로 1품에서 4품까지는 상아로 만든 홀을 들었으며 5품에서 9품까지는 나무로 만든 홀을 들었다. 원래는 왕의 가르침이나 임금에게 올리던 글을 기록하여 잊지 않으려고 사용하였으나 나중에는 단순한 의례용으로 제도화되었다. 정원용의 홀은 1품에서 4품까지 지니던 것으로 한 점은 길이 24㎝, 너비 5㎝로 손잡이에는 청색 운문사를 둘렀다. 다른 한 점은 길이 30.5㎝, 너비 4㎝로 위 부분이 약간 둥글며 손잡이는 청색공단으로 싸여져 있다.

(1) 홍산문화 석관묘 : 고조선 비파형 동검 분포 지역 일치

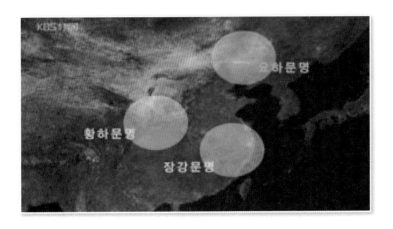

〈제5의 문명, 요하를 가다〉KBS-TV 역사스페셜, 2009.8.29

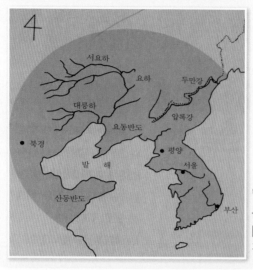

발해연안의
돌무덤(석묘石墓)분포도
[한국 고대문화의 비밀] 95쪽.
김영사, 2004.7

동아닷컴
http://news.donga.com
2008.3.10

* 비파형 옥검 출토 : 한반도와 연계된 홍산 문명

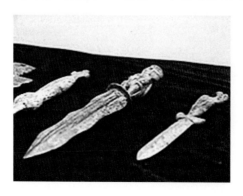

* 비파 동검 형태 원형 :

우하량 유적군에서 가장 서쪽에 있는 제16지점의 중심대묘, 특히 이 곳에서는 옥으로 만든 무인인형과 봉황이 특징적이다. 놀라운 것은 옥으로 만든 비파형검도 발견됐다는 점이다. 그 동안 학자들은 중국의 청동검과는 전혀 다른 비파형 동검의 비파 형태가 어떤 연유로 동이의 동검에 나타나는가를 의아해 했는데 홍산문화의 옥기에서 비파형태가 발견됨으로써 비파형태는 갑자기 생긴 것이 아니라 홍산문화 시기에도 홍산인들에게 상당히 각인돼 있었다는 것을 알 수 있다.

〈한국인의 고향, '신비의 왕국'찾았다〉 (12) 2007년 12월 19일 [사이언스타임스] http://www. sciencetimes.co.kr

* 옥으로 만든 비파형동검 발견.

특히 주목할 것은 청동기문화의 유적들이다. 옥으로 만든 비파형동검도 발견되었다. 흔히 고고학자들이 말하는 고대국가의 성립 요건으로 성곽, 도시 존재, 궁전, 대형무덤, 청동기무기 등인데 거의 갖춘 상태이다. 따라서 우리나라 실증사학자들이 '역사는 과학'이라고 말하며 고조선을 부정해온 이유가 청동기문화가 없는 점을 들었다. 이제 이런 소모적인 논쟁은 더 이상 끌어야 할 가치도 없게 되었다.

[경북일보] 2009.11.2.

* 〈제5의 문명, 요하를 가다〉

[KBS-TV] 역사스페셜, 2009.8.29.

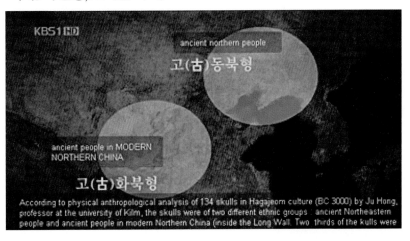

* **중국 길림대학 주홍朱泓**: 하가점하층문화 유골(134점:5000년전)

　인골 체질인류학적 분석 : 고 동북형 2/3 이상.

　하가점 하층문화에서 나온 134개의 인골의 체질인류학적 분석을 시도했다. 연구결과 크게 두 개의 종족으로 나누어졌는데 요하문명 일대의 고古동북형이 3분의 2이상 차지하는 것으로 나타났다.

* **한국 복기대(국제 뇌교육종합대학원대학교 국학과)** :

[교수신문] 2012.9.24

　요서지역 고대인들의 60%이상이 우리민족과 친연성 있는 고동북형.

　"요서지역의 고대문화는 한국의 선조들이, 한국의 민족 계통이 건설한 것으로 봐야 되 것이 맞는 것 같습니다."

　복기대 국제뇌교육대학원 교수(국학과)는 내몽고 홍륭구 인물상이 중국 하나라보다 앞서서 국가단계에 진입한 북방민족의 높은 문화수준을 보여준다고 주장한다.

　"최근 홍륭구에서 새로 발견된 인물상은 중국학계의 대대적인 관심을 받았지만, 이는 가장 건조한 시기에 유행했던 홍산문화 후기에 만들어진 것"으로 분명하게 "북방인들의 고유한 문화"라는 설명이다. 또 그는 권력자가 수행을 하는 모습의 이 인물상은," 세속적 권력자와 제사장의 역할을 겸한 훗날 고조선의 단군왕검과 같은 존재였을 가능성을 강력하게 시사한다"라고 주장한다.

* **부채도끼(선형동부扇形銅斧)** : 비파형 동검, 곡옥 함께 출토.

　요녕성 중심 분포.

부채모양 청동 도끼
강원 속초 조양동 출토 [국립중앙박물관]

(2) 고조선 準왕 : 위만에게 圭 하사

[삼국지三國志] 위서魏書 30 동이전東夷傳 한韓

위략 왈 :

한漢나라에서 노관盧綰을 연왕燕王으로 삼자 조선은 연과 더불어 추수
溟水에 경계를 삼았다. 노관盧綰이 한漢을 배반하고 흉노匈奴로 가자 연燕
나라 사람 위만衛滿이 망명을 하여 호복胡服을 입고 동쪽으로 추수溟水를
건너 준왕準王에게 가서 항복을 하고 "서쪽 경계에 살게 해주면 중원의
나라에서 망명을 온 사람들을 조선의 울타리로 삼겠노라."고 말을 하
자, 준왕準王은 위만衛滿을 믿고 아껴서 박사博士로 임명을 하고, 규圭를
주면서 100 리의 땅을 봉지로 주고 서쪽 경계를 잘 지키도록 하였다.

魏略曰 :

及漢以盧綰臺陌王, 朝鮮與燕界於 溟水. 及綰反, 入匈奴, 燕人衛滿亡命,
爲胡服, 東度溟水, 詣準降, 說準求居西界, 中國亡命爲朝鮮藩屛. 準信寵之,
拜爲博士, 賜以圭, 封之百里, 令守西邊.

[출처 : 국사편찬위원회
한국사데이터베이스
http://db.history.go.kr]
[위략魏略] 어환魚豢(중
국 삼국시대 위魏 중심 역
사서).

* **고조선 규 :** 정인보鄭寅普 위만난衛滿亂 오천년간조선의[얼](39)

"그 請(청)한 것만 許諾(허락)하여 준 것이 아
니오 그를 어떠케 信寵(신총)하였던지 拜(배)하
야 博士(박사)를 삼는 同時(동시) 圭(규)(封建(봉
건)하는 信物(신물)를 賜(사)하고 百里(백리)의 地
(지)로써 封(봉)하야 西邊(서변)을 지키게 하엿
스니"

당시 고조선의 준왕이 위만의 망명을 받아
들이는 과정과 고조선 말기 상황을 엿볼 수
있는 역사적 기록이다. 그러나 우리들은 지금
까지 정치사 중심의 왕조교체에 대한 역사를

[동아일보] 1935.3.3
伍千年間朝鮮(오천년간
조선)의[얼](39) 其六(기
육) 처음격근興亡(흥망)
〈四(사)〉

중심으로 한 관심 때문에, 사실상 결정적인 기술을 놓치고 말았다는 것이다. 그것은 다름 아닌, "圭(규) (封建(봉건)하는 信物(신물)를 賜(사)하고"라는 부분으로서, 비록 왕조 말기에 처한 고조선의 준왕이었지만 위만衛滿에게 '옥'으로 만든 규圭를 하사하고 있다는 역사적 사실이다. 당시 고조선이 처한 국가적 차원의 위기적 상황을 극복해 나가는 과정에서 등장하고 있는 '옥'규를 단순한 정치적 행위나 정책적 수단으로 한정시키는 것이 아니고, '옥 문화'의 역사적 연속선상에서 살펴 볼 필요가 있다라고 하는 것이 필자의 입장이다.

* 조선 규 : 명의 군왕郡王 해당 [국립고궁박물관]

조선 고종

영친왕 옥규
17.3cm

관련의례 : 제사, 조빙朝聘

왕이 면복冕服이나 원유관포遠遊冠袍를 입을 때 쥐는 서옥瑞玉.

위가 뾰족하고 아래가 사각인 옥으로, 제후를 봉하는 신인信印으로 제사나 조빙朝聘 때 든다. 면복·원유관포는 중국에서 온 것으로 규도 중국제이다. 애초의 뜻은 제후로 봉해질 때 천자로부터 받는 것이다. 흙 토土자를 둘 겹친 것은 천자로부터 받은 땅을 재고 다스린다는 뜻이다. 고려시대에도 면복과 더불어 규를 받았지만 고려 초의 제도는 알 수 없고, 공민왕 때 명나라로부터 받은 규는 그 길이가 아홉치[寸] 였다. 조선

시대에도 태종 이후 수차에 걸쳐 명나라로부터 같은 것이 보내져 그 제도가 [국조오례의서례國朝五禮儀序例] 길례吉禮 제복도설祭服圖說에 실려 있다. 그런데 면복은 명나라의 친왕복親王服과 같은 것이었고 규는 명나라의 군왕복(郡王)에 해당하는 것이었다.

그러나 대한제국 때 고종이 황제위에 오르자 면복과 규는 명나라의 황제와 같이 12류면, 12장복, 1척2촌인 백옥규를 사용하였다. 이 때의 규는 진규로서 위 끝이 뾰족하고 겉에는 산형山形 4개를 조각하였으며 밑을 황기黃綺로 묶었다.

* **규圭** : 긴 막대형, 상단 삼각형, 하단 각형.
중국 고대 귀족들의 조빙朝聘, 제사, 상례시 예기. 크기에 따라, 존비 서열.

산 모양 쌍곡문 규 明 정릉定陵

* **양백달**杨伯达 [중국문물학회옥기연구위원회]

고고학상 용산시대는 무,옥,신의 전환기였다. 무巫는 하나의 낡은 제도와 사물을 때려 부수는 왕을 돕는데 그쳤고, 왕은 나아가 무의 신권, 정권, 족권, 군권을 빼앗고, 동시에 신직 인원을 깎아 내렸다. 이에 따라 왕은 규圭, 장璋으로써 종琮, 벽璧을 대신했고, 무巫의 神事 옥 신기도 자취를 감추게 되었다. 선사시대 말기부터 巫가 통치하는 신권시대는 "帝

〈巫·玉·神简论〉
2006,11,8.

(五帝)"가 통치했지만, 늘 왕으로 칭하지 않은 왕권시대로 접어들었던 것이다. 이 시기는 문명시대와 거리가 불과 한걸음 떨어져 있었다.

〈统一格调的夏,商,西周 玉文化〉 2007.1.19

《주례周礼 춘관春官·대종백大宗伯》: "옥으로 여섯 옥을 만들어, 방국으로 삼았다. 왕은 진규鎭圭, 공은 환규桓圭, 후는 신규信圭, 백은 궁규躬圭, 자는 곡벽谷璧, 남은 포벽蒲璧을 지녔다". "옥으로 여섯 기물을 만들어, 천지사방에 예를 드렸다. 창벽蒼璧은 하늘, 황종黃琮은 땅, 청규靑圭는 동방, 적장赤璋은 남방, 백호白琥는 서방, 현황玄璜은 북방에 각각 예를 지냈다."

(3) 고구려 안악 고분 벽화 : 홀(=규)

동북아역사재단 http://contents.nahf.or.kr/

주실主室 소사小史 성사省事 문하배門下拜
홀笏　　필筆　　종이紙　　홀笏

안악 3호분 묘주부부상 벽화

* 이형구 교수

[발해연안에서 찾은 한 국고대문화의 비밀] 257쪽 김영사.2004,7.

[구당서舊唐書] 고려(고구려)조에는 "왕은 오채로 된 옷을 입고 백라관을 쓴다(唯王五綵, 以白羅爲冠)"고 하였는데, 실제로 안악 3호분 벽화에도 주인공은 흰 비단으로 만든 백라관白羅冠을 쓰고 있다. 서쪽 측실 벽에 그린 주인공의 좌우에는 주실主室 소사小史 성사省事 문하배門下拜 등 대소 신하가 지필묵이나 홀笏(조안할 때 신분의 표시로 드는 의기)을 들고 있다.

* 규 (=홀) : 후한 무씨 사당 화상석

하백—주몽신화
후한 산동성 무량사武梁祠 사당 화상석

* 정재서

하백河伯 혹은 해신海神의 행차도　後漢 환제桓帝 148년쯤 건립

[앙띠오이디푸스의 신화학]178-179쪽, 창비. 2010.9

　화상석을 살펴보면 하백 혹은 해신으로 추정되는 신이 채찍을 들고 세 마리의 물고기가 모는 수레를 타고 있다. 수레 앞의 한 사람은 홀笏을 쥐고 무릎을 꿇은 채 수레를 맞이하고 있고, 수레 뒤의 한 사람은 홀을 쥐고 수레를 공손히 배웅하고 있다. 수레 전방 및 좌우로는 물고기를 탄 무사들이 창 종류의 무기를 들고 호위하고 있으며 수많은 물고기들이 수레 주위를 따라 가고 있다. 아울러 갯과科 계통의 맹수도 수레 뒤를 쫓아가고 물고기 지느러미가 달린 인어 종류의 사람도 헤엄쳐 따라가고 있다. 앞서의 황제나 태일신과는 달리 수중세계의 지배자인 하

백 혹은 해신의 행차답게 물고기, 인어 그리고 물고기를 탄 무사가 호종하고 있는 것이 특징적인 모습이다.

* **옥이배**玉耳杯 : 길림성 출토(吉林省博物院).

조우趙羽 〈길림성 최초 묘장 출토 옥벽〉 [성시만보城市晚报] 2012.6.6

성내 양식창고 길림성 집안현 출토
높이 3.2cm, 가로13cm, 1958년

당 옥벽
발해 길림시 大海猛 유적지 출토.

(4) 신라 홀(=규) : 아홀牙笏은 상아로 만든 홀이다.

* 진덕왕 진골에게 아홀을 갖게 하다.

[三國史記] 卷 第伍 新羅本紀 第伍

진덕왕眞德王 四年夏四月 진골에게 아홀을 갖게 하다.(650년 4월 미상 음력).

여름 4월에 [왕이] 명을 내려서 진골眞骨로서 관직에 있는 사람은 아홀牙笏을 갖게 하였다. [국사편찬위원회]

* 법흥왕 아홀.

색복色服 법흥왕 시기의 의복제도

[三國史記] 卷第三十三 雜志 第二

法興王制自太大角干至大阿湌紫衣阿湌至級湌緋衣並牙笏大奈麻奈麻青衣大舍至先沮知黃衣伊湌匝湌錦冠波珍湌大阿湌衿荷緋冠,上堂大奈麻赤位大舍組縷

법흥왕法興王 태대각간부터 대아찬까지는 자색 옷을 입었다. 아찬부터 급찬까지는 비색緋色 옷과 아홀牙笏, 대나마와 나마는 청색 옷, 대사大舍

부터 선저지先沮知까지는 황색 옷을 입는다. 이찬伊飡과 잡찬迊飡은 비단 관을 쓰고, 파진찬波珍飡과 대아찬大阿飡과 금하今夏는 자색 관을 쓰고, 상당대나마上堂大奈麻와 적위대사赤位大舍는 조영組纓을 착용하였다.

* 진골대등의 복식규정

[三國史記] 卷第三十三 雜志 第二 색복色服

眞骨大等 幞頭任意 表衣半臂袴 並禁罽繡錦羅 腰帶禁研文白玉趙靴禁紫 皮靴 帶禁隱文白玉 襪任用綾已下 履任用皮絲麻布 用二十六升已下

진골대등眞骨大等, 복두幞頭(머리에 쓰는 두건)는 임의로 하고, 겉옷과 반비半臂 바지(袴)는 계수금라罽繡錦羅의 사용을 금지한다. 허리띠에는 연문백옥研文白玉의 사용을 금지한다. 화靴는 자색 가죽을 금하고 화대靴帶에는 은문백옥隱文白玉을 금한다. 버선은 능綾 이하의 것을 임의로 사용하고, 리履는 가죽, 실, 마麻를 임의로 사용한다. 포布는 26승升 이하를 사용한다.

* 옥백玉帛 : 문무왕.

[三國史記] 卷第七 新羅本紀 第七 文武王十一年秋七月二十六日

문무대왕이 설인귀에게 답서를 보내다. (671년 7월 26일 음력)

大王報書云 先王貞觀二十二年入朝 面奉太宗文皇帝 恩勑朕今伐高麗 非有他 故憐你新羅攝乎兩國 每被侵陵靡有 寧歲山川土地非我所貪 山川土地非我所貪 我平定兩國平壤已南百濟土地 並乞你新羅永爲安逸 垂以計會賜以軍期.

대왕이 설인귀薛仁貴의 편지에 답하여 말하였다." 선왕께서 정관貞觀 22년에 중국에 들어가 태종 문황제 를 직접 뵙고서 은혜로운 칙명을 받았는데, '내가 지금 고구려를 치는 것은 다른 이유가 아니라, 너희 신라가 두 나라 사이에 끌림을 당해서 매번 침략을 당하여 편안할 때가 없음을 가엽게 여기기 때문이다. 산천과 토지는 내가 탐내는 바가 아니고 보배(옥백)와 사람들은 나도 가지고 있다. 내가 두 나라를 바로 잡으면

평양平壤이남의 백제 땅은 모두 너희 신라에게 주어 길이 편안하게 하
겠다' 하시고는 계책을 내려주시고 군사 행동의 약속을 주셨습니다.

　옥백玉帛:

　옛날에 제후들이 會盟하거나 朝聘할 때 가지고 간 예물로, '玉'은 圭
璋에 속하는 것이고, '帛'은 束帛에 속하는 것으로 모두 고대의 귀중한
물건이다.

(5) 고려, 조선 규(=홀)

＊옥규, 옥책 : 거란, 금 관련.
　[고려사] 卷八 世家 卷第八 文宗 19年 4월 거란이 왕태자를 책봉하는
조서와 책문을 보내다. 1065년 4월 11일(음), 1065년 5월 18일(양), 문종
19년.

　옥규玉圭 · 옥책玉冊

　[고려사] 卷十七 世家 卷第十七 仁宗 20年 5월 왕이 금 황제의 책봉 조
서를 받다

　1142년 5월 26일(음), 1142년 6월 21일(양), 인종 20년

＊홀笏(=규) : 옥대, 홀.

　홀笏에다 써서 관반館伴 섭몽득葉夢得에게 바치다 [석림연어石林燕語]에
이르기를, "내가 대관大觀 연간에 관반이 되어 고려 사람들을 전송하게
되었는데, 부사 한교여가 사람을 시켜서 큰 옥대玉帶 하나를 가지고 와
나에게 주게 하였으며, 또 홀 위에다 시 한 수를 써서 보여 주었다. 그
시가 비록 소박하고 서툴기는 하였으나, 그의 뜻은 잘 알 수가 있었다."
하였다.

한교여韓繳如 한국고전
종합DB http://db.itkc.
or.kr/
[해동역사] 제68권 人物
考2 고려高麗

* 홀笏 : 중요민속문화재 제13－5호 문화재청: www.cha.go.kr

국립민속박물관

홀笏은 신하들이 왕을 뵐 때 손에 쥐는 물건으로 1품에서 4품까지는 상아로 만든 홀을 들었으며 5품에서 9품까지는 나무로 만든 홀을 들었다. 원래는 왕의 가르침이나 임금에게 올리던 글을 기록하여 잊지 않으려고 사용하였으나 나중에는 단순한 의례용으로 제도화되었다.

정원용의 홀은 1품에서 4품까지 지니던 것으로 한 점은 길이 24㎝, 너비 5㎝로 손잡이에는 청색 운문사를 둘렀다. 다른 한 점은 길이 30.5㎝, 너비 4㎝로 위 부분이 약간 둥글며 손잡이는 청색공단으로 싸여져 있다.

* 고려시대. 김용만 [한국 생활사] 고대로부터 사랑받아온 보석 옥

우리역사문화연구소장.
2011.11.09

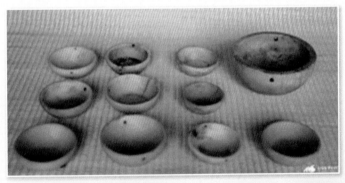

물고기와 새 등을 정교하게 조각한 고려시대의 옥 공예품.   옥등.

* 옥새 : 조선 태조 이성계, 명 옥새 요청.

[조선왕조실록] 태조8년에는 이성계가 명나라에 국왕의 고명과 조선국의 옥새를 내려달라고 청하는 글이 전한다.

'동이東夷의 칭호는 오직 조선朝鮮이라 하는 것이 아름답고, 또 그 내력이 오래되니, 이 이름으로써 개국하라' 하셨으니 삼가 이에 따라 하기로 하였습니다. 그 밖에 홍무26년 전조 고려 국왕의 옥새를 명나라에 보냈고....,(중략) 오늘날 비록 국왕이라 일컬을지라도 명칭이 끊어져 내려주신 고명과 조선국의 인장을 받지 못하여, 일국의 신민들이 밤낮으로 옹망하고 감히 사연을 아뢰오니, 엎드려 바라옵건데, 살피시기를 청하와 번거롭게 아뢰오니, 국왕의 고명과 조선의 인신을 주시어서 시행하게 하옵소서.

* 옥새를 받지 못한 이성계

김성호 [옥새,숨겨진 역사를 말하다] 90-91쪽, 예나루,2006,8.

이성계는 명나라에 청하여 조선이라는 이름을 받고, 국왕의 고명과 조선의 옥새도 만들어달라는 내용의 글을 보냈다. 조선의 개국은 이처럼 사대외교로 시작되었다.

* 옥 산출. 옥 제기 제작 :

[조선왕조실록] 成宗 249卷, 22年(1491 辛亥) 1月 24日(辛丑) 3번째 기사

[조선왕조실록] 세조 46권, 14년(1468 무자) 4월 24일(계축) 2번째 기사
충청도 관찰사에게 은진현과 천안군에서 옥이 산출되는지를 조사하게 하다

"듣건대 도내道內의 은진현恩津縣 동면東面 전거로리錢居路里에서 백옥白玉과 서로 비슷한 돌이 산출되고, 천안군天安郡 남면南面 개동介洞에서 흑옥黑玉과 서로 비슷한 돌이 산출된다고 하니, 경卿은 그 산출産出되는 다소多少를 살펴보고서 아뢰고, 또 엄중하게 금방禁防을 더하라."하였다.

우의정 노사신 등이 새로 만든 제기를 친람할 것을 청하다

우의정右議政 노사신盧思愼 등이 서계書啓하기를,

"새로 제기祭器를 만들었습니다." 하고, 또 대내大內로 들어가 친람親覽하기를 청하였다. 그리고 또 아뢰기를, "예문禮文에 "정현鼎鉉은 검은 옥玉으로 그 두 끝을 장식한다"고 되어 있고 모두 척촌尺寸이 있습니다. 그러나 신 등은 그것이 쉽게 절훼折毁 될 것을 염려하여, 비록 예문에는 없으나 철鐵을 두 곳의 꼭대기에 더했습니다."

* **옥책**玉冊 : 조선 태조 가상시호太祖加上諡號 [국립고궁박물관]

정조를 왕세손으로 책봉한 옥인 世孫(正祖)冊封玉印
조선 숙종 9년(1683년)에 기존의 태조시호에 위화도 회군의 뜻을 더하여 정의광덕正義光德이란 시호를 가상하고 어보를 만들면서 제작하여 바친 옥책이다.

옥인 9.8×9.8×10.1cm
죽책 대나무
영조가 1759년(영조 35)에 정조를 왕세손으로 책봉하면서 내린 옥인이다.

* 옥보 :

[국립고궁박물관]

철종옥보哲宗玉寶 9.6cm

철종비옥보哲宗妃玉寶 9.9cm

고종 옥보 대한제국 옥 9.8cm 국립중앙박물관

* 백옥 장식품 : 조선

[국립고궁박물관]

백옥초롱잠白玉草籠簪
13.0cm 태평양화학박물관 소장

* 옥 장신구 : 조선 [국립고궁박물관]

백옥초롱잠
白玉草籠簪

白玉떨잠

옥제석류잠玉製石榴簪 장신구

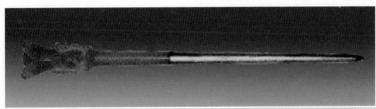

옥관자玉貫子

영조의 열 번째 딸인 화유옹주和柔翁主(?-1777)와 창성위昌城尉 황인점
黃仁點 부부의 묘에서 출토된 부장품副葬品으로 재질은 옥이다.

영친왕 옥대英親王 玉帶
길이 118cm, 너비 4.3cm
국립고궁박물관

현존하는 유일한
왕손용王孫用 대帶
길이 80.0cm 너비 2.0cm

높이 : 21.0cm 지름 : 13.7
입지름 : 10.0

이 유물은 옥으로 만든 향로로서, 제례시 사용하는 의식용구儀式用具다. 유교 의식에서 사용한 것이라 불교에서 사용하는 향로와는 몸체의 형태가 다른 정鼎의 형태를 하고 있다. 동물 다리 모양[獸脚形]의 마디가 있는 삼족三足을 갖추고 있다. 몸체에는 넓은 전을 갖추고 맞뚫림 형태의 투조透彫로 용문龍紋과 화문花紋을 장식하였다. 향로의 뚜껑 역시 용머리 형태의 손잡이에 몸체와 같이 맞뚫림의 투조로 운문雲紋과 화문花紋을 조화롭게 배치하여 장식하고 있다. 뚜껑은 약간 파손된 상태이다.

(6) 일본 규(=홀)

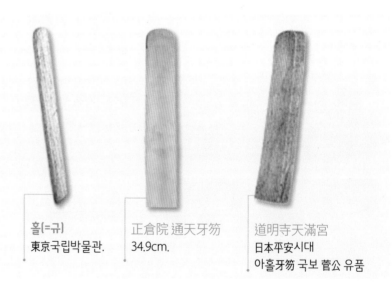

홀[=규]
東京국립박물관.

正倉院 通天牙笏
34.9cm.

道明寺天滿宮
日本平安시대
아홀牙笏 국보 菅公 유품

(7) 멕시코 갑골문 명문 옥규圭(=笏) :

16인 남성 옥 인물상
멕시코 올멕문화 라벤타 유적지
(기원전 900-400년전).

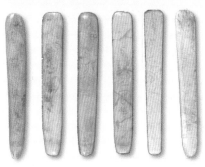

* 은 나라 동이족 제왕들의 이름 주장

멕시코 올멕문화. "북미 인디언, 중국 은 왕조 후예일 수도"

중국 언론 "유물에 갑골문자"

[중앙일보] 2004.7.28.

북미 대륙의 인디언이 3000여년 전 지금의 중국 땅에 살았던 은殷왕조 사람들의 후예일 가능성이 있다고 중국의 [北京科技報]가 26일 보도했다. 가장 큰 근거는 미국 캘리포니아에서 발견된 3000년 전의 돌닻이다. 항해용으로 사용됐을 이 닻은 인디언의 유물이다. 그러나 돌 재질이 미국 땅에서 발견되지 않는 것이어서 그동안 큰 의문을 불러일으켰었다.

최근 중국 전문가들의 분석 결과 이 돌은 대만해협 인근에서만 나오는 것으로 밝혀졌다. "은왕조의 사람들이 항해를 거쳐 미국으로 갔을 것"이란 추측이 나오는 까닭이다. 또 다른 근거는 문자 기록이다. 1953

년 멕시코 올멕 유적지의 인디언 제단에서 6개의 옥으로 만든 홀(笏:왕조시대 조례 때 신료들이 손에 쥐던 막대 모양의 물건)이 나왔다. 홀에 새겨진 상형문자가 은대에 사용됐던 갑골문이란 것이다.

문자를 해독한 결과 글자는 대부분 '치우蚩尤'와 '소호少昊'등 은나라를 구성했던 동이족東夷族 제왕들의 이름이라는 주장이다.

[2] 부여 옥의(=옥갑) : 동이족 전통 옥 문화

* 부여 옥의

[후한서] 권85 동이열전 (2)−부여국

其王葬用玉匣, 漢朝常豫以玉匣付玄菟郡, 王死則迎取以葬焉。

왕이 죽으면 옥으로 된 갑을 사용하며 장례를 치뤘으며 한나라 때에 일상적으로 이 옥갑을 현토군에 부했다.

[후한서] 광무본기光武本紀

漢時, 夫餘王葬用玉匣, 常豫以付玄菟郡,, 王死則迎取以葬. 公孫淵伏誅, 玄菟庫猶有玉匣一具. 今夫餘庫有玉璧·珪·瓚數代之物, 傳世以爲寶, 耆老言先代之所賜也.

한대에, 부여는 왕 장례 때 옥갑을 사용했으며, 항상 현도군에 맡겨 놓고 있었으며, 왕이 죽으면 즉시 가져다 장례에 썼다. 공손연이 죽을 때, 현도군 창고에는 옥갑이 한 벌 있었다. 지금 부여 창고에는 옥벽,규, 찬이 수대에 걸쳐 내려온 물건이 있고, 대대로 보물로 삼고 있으며, 노인이 말하기를 선대로 부터 물려받은 것이라고 했다.

[후한서] 志 제6 예의 하 옥갑은루玉柙銀縷

諸侯王列侯始封貴人公主薨 皆令贈印璽玉柙銀縷 大貴人 長公主銅縷。

제후, 왕, 열후에 처음으로 봉해지거나, 귀인 공주가 죽을 경우, 모두

옥새, 은씰로 엮은 옥갑, 대귀인, 장공주는 동실로 엮은 옥갑들을 주었
다.

[후한서] 禮儀 志下 諸侯王列侯公主薨 皆令贈玉鉀

제후, 왕, 열후, 공주가 죽으면 모두에게 옥갑을 내리도록 명한다.

* 부여 옥의玉衣(=玉匣) : 옥 토템

[三國志] 卷三十. 魏書 三十. 烏丸 鮮卑 東夷 傳 第三十.

[삼국지] 권30. 위서 30. 오환 선비 동이 전 제30.

漢時夫餘王葬用玉匣 常豫以付玄菟郡 王死則迎取以葬 公孫淵伏誅 玄菟
庫猶有玉匣一具 今夫餘庫有玉璧珪瓚 數代之物 傳世以爲寶 耆老言 先代之
所賜也.

한나라 시대에 부여왕은 옥갑으로 장사를 지내는데, 항상 현도군에
미리 맡겨두었다가, 왕이 죽으면 가져다가 장례를 치뤘다. 공손연을 쳐
서 벨 때 현도군의 창고에 옥갑 하나가 있었다. 지금 부여의 곳간에는
수 대를 거쳐 내려 온 옥벽과 규와 제기들이 있어, 대대로 보물로 전해
졌으며, 노인이 말하기를 선대로부터 하사받은 것이라 한다. 위략에 말
하기를 '그 나라는 몹시 성하고 부유하니, 선대 이래로, 아직 파괴당한
일이 없었다'라고 했다.

* 은 마지막 왕 주紂 : 옥의玉衣.

* 상상도商湘濤 : [史記] "甲子日, 紂兵敗. 紂走入,登鹿台, 衣其宝玉衣, 赴
火而死"

"갑자일, 주가 전쟁에 패하자, 주는 달려들어와, 녹대로 올라가서, 그
보물 옥의를 입고, 불로 뛰어들어 죽었다." 소위 "玉匣"(亦称玉갑)은 바
로 옥의玉衣이고, 황제나 고급 귀족의 사후에 입는 염복으로, 한대 전적
에 많이 기재되어 있다.

[중국고옥감장中國古玉
鑒藏] 120쪽, 상해문화출
판사, 2006.8.

[逸周書] 世俘 "甲子夕, 紂取天智玉琰五, 環身以自焚"

"갑자일 저녁, 주는 천지옥담 다섯을 취해 몸에 두르고 스스로 불에 타 죽었다"

[문물수장도해사전文物收藏圖解辭典] 85쪽, 浙江인민출판사, 2002.9

* 이진운李縉云, 우병문于炳文

옥의玉衣의 실물자료는 1950년대 이후 계속 발견되었다. 고고학적인 자료에서 보면 玉衣는 서한 초기 문제, 경제 년간에 보이기 시작하고, 초기의 옥의는 가면, 장갑, 구두 세 부분으로 되어 있었기 때문에, 상의와 하의가 없으며 예를 들어 산동 임기臨沂 유자劉疵묘에서 출토되었다 조금 늦은 서한 무제 초기의 후한은 옥의에 관한 규정은 엄격했었다. 현재 발견된 완전한 것은 비교적 적다. 삼국시대에 이르러, 조위 황초3년(222년) 文帝 조비曹丕가 "玉匣의 사용을 금지"함으로서, 玉衣의 제작, 사용은 끝나게 되었다.

* 중국 전한前漢 玉衣=玉匣

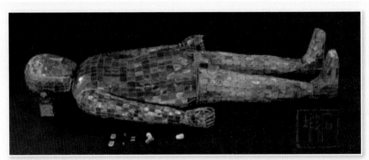

漢墓 劉勝 중산정왕中山靖王 금후옥의金縷玉衣 1.88m

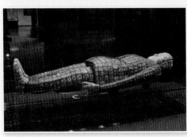

전한 南越王 絲縷玉衣 1.73m 1980
廣東省 廣州市 象岡 南越王묘 출토

中山懷王 劉修墓 1.82m 1973년
전한(기원전206-25년)
하북河北 定縣八角廊村

* 부여 : 예왕지인濊王之印 사용 관련 문헌 기록.

　[통전通典]변방전邊防典, 통전通典 권제185 邊防一 邊防序 東夷上.(당 杜佑 편찬).

　[태평환우기太平寰宇記] 권174 四夷三 東夷三 부여국

　[책부원귀册府元龜] 권959, 外臣部 四 土風 一

　[진서晉書] 권97 열전 제67 동이東夷

　[출처 : 국사편찬위원회 한국사데이터베이스 http://db.history.go.kr]

　[자치통감資治通鑑] 권18 漢紀十 世宗孝武皇帝 元朔 元年(B.C.128)

　[위략魏略] 권185 〈東夷〉上 "夫餘"

　[삼국지三國志] 권30 〈魏書·夫餘傳〉

* 신용하 교수 〈고조선 국가의 형성〉

　"예"부족은 嫩江 유역에서 기원한 부족이었다. "예강"은 지금의 嫩江(눈강, 송화강의 지류)의 옛 이름으로 비정된다. 예 부족이 기원한 땅은 扶餘국이 세워진 땅이었다. [후한서後漢書]에 「부여국은 본래 예의 땅이다」고 한 것이나, [晉書]에 「(부여)국 안에 옛 성이 있는데 이름은 濊城이다. 대개 본래 濊貊의 땅이다」고 한 기록에서 이름을 알 수 있다.

[사회와 역사 제80집 (2008) 한국사회학회]

　부여의 옥의(=옥갑玉匣) 관련 기록.

　[삼국지三國志] 권30. 魏書 30. 烏丸 鮮卑 東夷 傳 제30.

　[후한서] 권85 동이열전 (2)- 부여국. 광무본기光武本紀.

　[위략魏略] 권185《동이東夷》상 "부여"

　[위지魏志] 동이전.

　[옥해玉海] 권97. 154.

　[통전通典] 변방전邊防典, 통전通典 권 제185 邊防一 邊防序 東夷上

　[태평환우기太平寰宇記] 권174, 東夷三 부여국

　[책부원귀册府元龜] 권959 外臣部 四 土風 一

　[태평어람太平御覽] 권804 四 珎寶部 三 玉 上, 권805 珎???? 四 玉 下.

[진서晉書] 권97 열전 제67 동이東夷

[자치통감資治通鑑] 권18 漢紀十 世宗孝武皇帝(元朔 元年(B.C.128))

[위암문고韋庵文稿] 卷之九 外集 社說中 東事考略十五篇 부여의 시조

결론

요하 유역의 옥문화 가운데 홍륭와문화의 옥결은 귀걸이 장식용이라는 단순한 형태로부터, 뱀의 둥근 몸체를 기본으로 머리 부분에 돼지, 곰, 새 등 각종 동물 토템 부족이나 씨족의 대표적 조형물로서 옥수형결玉獸形玦 옥웅룡玉熊龍, 옥저룡玉猪龍, 옥조룡 玉鳥龍 등을 상징적으로 조각했던 것으로 보인다. 특히 한반도와 일본열도에서는 곡옥曲玉이란 독자적인 형태로 발전해 나갔고, 이러한 옥문화의 전반적인 변화 가운데 주목을 끄는 것으로는 딸린 곱은옥(모자곡옥)을 들 수 있다. 이것은 곱은옥의 표면에 더 작은 곱은옥 여러 개를 붙여서 만든 것으로, 국내에서 발견된 것은 단지 5, 6점뿐으로, 충남 부여 군수리, 전남 순천시와 광양시에서 발견된 사례만이 그 출토지가 확인된다. 순천시에서 발견된 것은 고인돌 하부에서 발견되었는데, 이것은 청동기시대의 무덤인 고인돌이 삼국시대에 일종의 의례행위의 대상이 되었음을 말해준다.

한반도와 일본열도에서 출토된 곡옥, 금모 곡옥, 모자곡옥 등 일련의 옥문화 유물들은 당시 신석기 시대 이후 중국 대륙과 한반도와 일본열도라는 광범위한 지역에 걸친 공통적인 성격과 더불어 각 지역에 있어서의 독자적인 성격도 충분히 엿볼 수 있는 역사적으로 매우 중요한 지위를 차지하고 있다는 것을 알 수 있다.

이와 같은 상황 가운데, 중국측 [삼국지][위략][후한서]를 비롯한 상당수 문헌으로부터, 고조선 규圭와 더불어 부여에서 왕의 장례 때 사용했던 옥의玉衣(=옥갑玉匣)에 대한 역사적 기록을 발견할 수 있었으며, 무엇보다도 고구려 안악고분 벽화와 [삼국사기][고려사][조선왕조실록] 등 기록으로부터 규(=홀)등 일련의 옥문화 유물에 관한 근거를 확보함으로써, 한민족의 옥문화의 역사적 실체를 증명하는 데에 부족함이 없다는 것이다.

본 연구는 위에서 설명한 바와 같이 '옥문화와 옥토템'이라는 관점에서, 신석기 시대이후부터 현재에 이르기까지의 한중일 삼국에 걸친 동아시아의 사회를 살펴보았다.

(1) 옥 토템 사회

그 결과, 동아시아 사회는 신석기 시대 흑피옥문화와 홍산문화 사회에 있어서 실질적 지배자로서 신권을 장악한 무당(巫人)집단은 제사를 집행하는 과정을 주관하고 천지신명의 신통한 능력을 상징하는 신기神器를 일반 광물이 아닌 옥으로 만들게 되었으며, 그들은 신과 소통을 통해 옥을 독점하고, 또 옥을 통해 스스로가 신적인 존재임을 만천하에 알렸던 것이다.결국 무당과 하늘(神)과 옥玉은 삼위일체였던 것이다. 특히 무당은 옥을 제작하는 기술을 독점함으로써 천지신天地神에게 제사 지내는 특권을 장악하고,천지를 관통하는 능력을 보였으며, 하늘과 땅의 경지를 아는 지자智者로 우뚝 설 수 있었던 것이다. '옥으로 신을 섬긴다(以玉示神)'는 옛말이 바로 그것이며, 그 주인공은 바로 무당이었던 것이다. 그러나 중요한 것은 석기와 토기 같은 기물들은 일반적으로 생활용품들이었지만, 옥기는 관념 형태의 집단적 상징이었다는 점이 서로 다르다는 것이다.

그들은 생명은 하늘이 부여하는 것이며, 신령한 동물과 자연, 인간들은 서로 영물처럼 교환된다고 보았다. 이 때문에 무당들은 옥벽玉璧, 옥결玉玦, 옥부玉斧 등 각종 의식용 옥기에 신비로운 문양과 부호, 상형문자 등을 깎아 넣었던 것이다. 일련의 씨족이나 부족들은 각종 옥 장식으로 제사에 쓰이는 신기神器와 그들이 숭배하는 '옥 토템' 사회를 만들었고, 옥 조각을 통해 씨족사회의 번성과 풍성한 수확을 바랐다. 이점은 중국의 곽대순郭大順 교수가 "홍산문화의 정수는 옥기다"라고 하는 설명을 보더라도 충분히 이해할 수 있을 것이다.

(2) 성 숭배 사회

흑피옥문화인들은 성, 성기관, 성교에 대해 무한한 경외심을 갖고, 서로 얽힌 가운데 적극적인 숭배로 변화되었다. 성교의 결과는 새 생명의 탄생은 물론, 단순한 생식의 의미가 아닌, 성 숭배의 일부분 가운데 성이 가져다주는 희열의 추구를 포함하고, 다른 한편으로 생식의 추구 역시 성 또는 생식기에 의존하면서 발생하는 것이기 때문에 성 숭배와 생식기 숭배, 생식 숭배, 새생명 탄생, 나아가 조상 숭배들은 모두 내면적으로 연계되어 있던 것이다. 따라서, 흑피옥문화의 인물상 옥 조형은 신이 인간에게 준 생식의 능력과 여성의 육체적 아름다움을 표현하고 있으며, 남녀의 성적교합은 상당히 중요한 사회적 대상이었던 것으로 추측된다. 신석기 시대 문화 가운데 허다한 조형은 신이 인간에게 준 생식의 능력과 기타 신력을 표현하고 있다. 이로 인해 인간과 신의 교합은 비교적 중요한 주제였으며, 여자 무당이 왕왕 이런 의식의 실천자였던 것이다.

결국, 본능적으로 생식은 인류발전에 있어서 어느 단계에서나 매우 중요한 것으로 자연에 적응하고, 자연에 대항하는 능력이 비교적 약한 고대인들로서 생식의 번성 문제는 씨족이나 종족의 지속적인 존재를 결정짓는 가장 중요한 핵심적 요인이었던 것이다.

(3) 조상 숭배 사회

조상 숭배는 반드시 생식 숭배로부터 기원한 것으로, 오직 생식 현상이 있어야 비로소 조상관념과 혈연관념이 생겨날 수 있다는 것이다. 심지어 조상 숭배는 생식숭배의 연장선상에 있는 새로운 형식이라고 할 수 있다. 또한 조상 숭배는 사후 세계와 불가분의 관계에 있는 귀신 숭배의 산물로서, 귀신 숭배에 대한 일종의 형식이다. 결국 조상 숭배의 대상은 그 본질로 말하자면 영혼이며, 다만 그것과 숭배자 사이에 혈연관계를 갖추어야 하고, 숭배자가 귀신에 대한 제사의 의무가 있어야 한다고 이해된다. 귀신은 마땅히 본 종족과 본 가정의 신비한 역량을 보호함으로써 숭배를 받는다.

흑피옥문화 사회는 혈연적 관계를 바탕으로 가족적 단위가 형성되기 이전 단계로 일반적으로 남녀노소의 단순한 차이에 의한 생식기 숭배, 성숭배 사회에서 조상숭배 단계로 향하는 과도기적 대전환기에 해당하고, 아울러 비교적 분명한 계급 제도가 형성되어 부락이나 씨족의 수령이 출현해 권력과 씨족간의 신분적 차이에 의한 지배와 피지배 관계가 존재했었던 원시적 제도와 사회체제를 구성했던 것으로 추측된다.

결국 흑피옥문화와 홍산문화와 옥기 유물들은 그 동안 우리들한테 불확실하고 아득한 아직 문명이 열리지 않은 미개한 사회로만 여겨져 왔던 약 5000년 전에서 4000년 전 사이의 당시 신석기 시대 후기 사회에 대한 비과학적인 편견을 버리고 역사적으로 재조명하지 않으면 안 된다는 것을 일깨워 주고 있다.

우리 역사에서 신석기 시대 사회의 유적과 유물로 꼽을 수 있는 것이 빗살무늬 토기와 민무늬 토기이거나 움집, 암각화, 조개 장식 정도였다면, 본 연구는, '옥 문화와 옥토템 사회'라는 큰 주제를 통해서, 중국 대륙 동북부 일대 광활한 지역에 걸쳐서 연대적으로도 중원지역의 황하 문명보다 최소 1000년 이상 앞선 세계사적 규모에 있어서도 가장 선진적이고 독창적인 문명사회를 영위했던 것을 역사적으로 증명할 수 있었다는 것이다.

따라서 흑피옥문화와 홍산문화는 한중일 삼국의 공동체적 문화적 기원과 직접 관련을 갖는 국제적 성격이 강한 문화로서, 현재의 민족이나 국가의 영역과 경계를 초월할 수 있는 동아시아 공동체 문명의 기원이라는 것이다.

본 연구를 통하여 당시 신석기 시대 흑피옥문화와 홍산문화 사회가 '옥 토템'사회를 근거로 한 사회형태였으며, 또 위 두 문화의 문화 주체가 고구려 고분벽화와 [산해경]과 결정적으로 연결되어 있는 역사적 동일 주체일 가능성이 매우 높다는 것을 발견함으로써, 국가적 망각상태에 빠져있는 '한민족 옥문화'의 역사적 실체를 찾아낼 수 있는 계기를 마련했다는 것이다.

본 연구 결과는 앞으로 일련의 신석기 시대 '옥 문화'는 당시 중원지역 문화와의 일정한 교류를 전제하더라도, 종족적, 문화적으로 한민족 역사주체에 의한 독자적 문화로 판단하는데 충분할 뿐만 아니라, 고조선의 역사적 실체와 동아시아 지역의 공동문명의 기원을 밝혀주는 결정적인 공헌을 할 것으로 보인다.